JN085622

MAGALIの
大切に着たいワードローブ

荘村恵理子

A

リボンタイブラウス
P.08
[how to make P.36]

B

大きい衿のワンピース
P.18、P.19
[how to make P.40]

C

ラグラン袖のギャザーブラウス
P.11、P.26、P.29、P.31
[how to make P.42]

D

ラグラン袖のギャザーワンピース
P.09
[how to make P.44]

E

ショルダーフリルブラウス
P.10
[how to make P.46]

F

ショルダーフリルワンピース
P.23
[how to make P.48]

G

前ボタンのジレ
P.26
[how to make P.50]

H

レースのジレ
P.11、P.13、P.31
[how to make P.52]

I

衿つきギャザーブラウス
P.12
[how to make P.54]

J

ローウエストワンピース
P.13、P.14
[how to make P.56]

K

ティアードスカート
P.10
[how to make P.58]

L

ダブルボタンのノーカラーコート
P.18
[how to make P.60]

M

ノーカラータックジャケット
P.20、P.21
[how to make P.63]

N

ノーカラータックコート
P.31
[how to make P.65]

O

Vネックのタックワンピース
P.22
[how to make P.66]

P

ツートンスカート
P.21、P.29
[how to make P.68]

Q

四角いポケットのパンツ
P.26、P.30、P.31
[how to make P.71]

R

四角いポケットのパンツ
P.08
[how to make P.71]

contents

この本に掲載のアイテムは、見返しなど一部のパーツが共通のものや、衿や袖、丈の長さのみが違うものなどがあります。付録のパターンでは共通のものは重ねて載せました。共通があるパターンどうしは、共通部分を生かして写すことで手間を省いて製作することができます。

――――――――
一部共通パターンアイテム

＝＝＝＝＝＝＝＝
同パターンアイテム

S

スクエアカラーのチュニック
P.28
[how to make P.74]

T

裾ギャザーパンツ
P.28
[how to make P.76]

U

アシンメトリープルオーバー
P.30
[how to make P.78]

私にとって、洋服を作るというのが、
昔から至福の時間でした。

お店では見つからない、自分にぴったりの、
自分好みのワンピースやブラウスを仕上げたい
という思いでミシンを走らせていました。

想定していたものと違っても、
自分で選んだボタンや布地だから、
やけにしっくりとくる。
足りない生地をはぎ合わせたり、
袖を短くしたり、間違えてしまったところにレースをあしらってみたり。
ちょっとしたアレンジで
予想外にいいものが生まれることもある。

とにかく服作りは楽しい。

この本を通じて、みなさまに
幸せな時間がずっと続きますように。

MAGALI　荘村恵理子

marché

週末のアンティークマーケット。

人の賑わい、活気、並んでいる物を見て回る楽しさ。

デッドストックのシートのままのボタン。

貝ボタンだったり、ガラスのボタンだったり。

アンティークのレースや、シーツや手縫いの刺繍が施されたリネン類の端切れなど。

繊細なレース編みが施されたクロスなんかを見つけたときは、

その細やかな手仕事にただただ感動します。

元の持ち主のストーリーを感じながら宝物のように大切にカバンの奥へ。

持って帰って何に使おうか、

あれこれ考えるひとときがまた楽しい。

爽やかな青空の下。
賑やかで活気に満ちた
アリーグルのマルシェでお買い物。
焼きたてのガレットをほお張りながら
ぶらぶら歩いていると、
こんがりと焼けたバゲットの
ふわんといい匂い。

A / R

リボンタイブラウス
四角いポケットのパンツ

How to make P.36(A) / P.71(R)

D

ラグラン袖の
ギャザーワンピース

How to make P.44

E / K

ショルダーフリルブラウス
ティアードスカート

How to make P.46(E) / P.58(K)

C / H

ラグラン袖の
ギャザーブラウス
レースのジレ

How to make P.42(C) / P.52(H)

I

衿つきギャザーブラウス

How to make P.54

H / J

レースのジレ
ローウエスト
ワンピース

How to make P.52(H) / P.56(J)

J

ローウエストワンピース

How to make P.56

太陽をたっぷりと浴びて育った
カラフルな野菜や果物が
とにかくおいしそうな
ラスパイユのビオマルシェ。
買い物かごがどんどんふくらんで
あっという間に過ぎていく日曜日の朝。

formal

大切なシチュエーションだからこそ、手作りで。

自分に似合う色、ディテール、ぴったりの丈。

想像どおりの洋服をそろえることができるのなら最高かもしれません。

すっと背筋が伸びるような、上品なワンピースや

ジャケットとボトムのセットアップ。

何日もかけて仕上げたお洋服は、

そのシーンと共に大切な記憶となるでしょう。

自分にとって特別な日のために。
たとえば、
待ち焦がれた映画を観に行ったり、
晴れ舞台で演奏をする日。
家族の記念日や誕生日。
気分の高まるお洋服を作って着る、
ちいさな幸せ。

L / B

ダブルボタンのノーカラーコート
大きい衿のワンピース

How to make P.60(L) / P.40(B)

B

大きい衿のワンピース

How to make P.40

M

ノーカラータックジャケット

How to make P.63

M / P

ノーカラータックジャケット
ツートンスカート

How to make P.63(M) / P.68(P)

O

Vネックのタックワンピース

How to make P.66

F

ショルダーフリルワンピース

How to make P.48

peasant

流行はどんどんと変わっていくけれど、

着込むほどに身体になじみ、経年変化を楽しめる服や、

昔の人が機能性から作り上げた普遍的なデザインに惹かれます。

リネンやコットンのくたっとした風合いや、クラシカルで素朴なディテール。

MAGALIの洋服は、そこにちょっとした甘いスパイスを

振りかけてでき上がっています。

シンプルながら、やさしいディテールに心が満たされる日常着。

ぜひお試しあれ。

リネンやコットンの日常着。
昔は仕事着だった
ペザントスタイルは、
動きやすさはもちろんのこと、
素朴で魅力的なディテールが
詰まっています。

G / C / Q

前ボタンのジレ
ラグラン袖のギャザーブラウス
四角いポケットのパンツ

How to make P.50(G) / P.42(C) / P.71(Q)

英国紳士風のチェック柄のジレに
軽快なパンツとお気に入りの
トラッドな革靴でコーディネイト。
マニッシュなスタイルでおしゃれして、
街へ、旅へ、日常の冒険に出かけよう。

S / T

スクエアカラーのチュニック
裾ギャザーパンツ

How to make P.74(S) / P.76(T)

C / P

ラグラン袖の
ギャザーブラウス
ツートンスカート

How to make P.42(C) / P.68(P)

U / Q

アシンメトリープルオーバー
四角いポケットのパンツ

How to make P.78(U) / P.71(Q)

N / H / C / Q

ノーカラータックコート
レースのジレ
ラグラン袖の
ギャザーブラウス
四角いポケットのパンツ

How to make P.65（N）/ P.52（H）/ P.42（C）/ P.71（Q）

material

素材選び

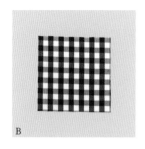

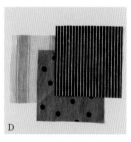

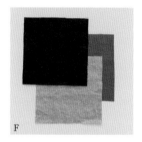

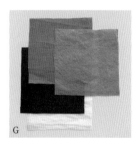

A.白の総レース地。インテリア用かもしれませんが、ジレにして服に重ねたら、おもしろい雰囲気が生まれそうなので選んでみました。

B.シンプルだけど、間違いなくかわいい洋服に生まれ変わるギンガムチェックのコットン。こちらはさわやかなホワイト×ブラック。

C.特別に作ってもらった、ニードル起毛のリネン。ふわふわとした綾織り生地で、あたたかみのある肌触りです。

D.レトロな水玉、カジュアルなヒッコリー、アンティークのようなストライプ。並んだ様子もかわいい、柄物のリネン生地。

E.目が詰まった張りのあるコットン地。風合い豊かなコットンは、完成すると見栄えよくでき上がるうれしい素材。

F.しっかりとした厚手のリネンはコートやジャケット、ボトムに。アウターにはベーシックな色を選ぶと、永く寄り添ってくれます。

G.きれいな色がそろう薄手のリネンはブラウスやワンピースに。洗うたびに風合いが増していくのが楽しみになります。

H.きりっとしまる英国紳士のスーツのようなトラッドなグレンチェックの柄。扱いやすい薄手のウール生地を選んで。

I.リバティプリントの定番柄の中でいちばん好きなチャイブと、大きなお花の柄が印象深いアーカイブ・ライラック。

How to make

作りはじめる前に

＊この本の実物大パターンには、レディースのS、M、L、2Lサイズがあります。下記のサイズ表（ヌード寸法）と作品の出来上り寸法を目安に、お好みで選んでください。

＊モデルはMサイズを着用しています。

＊裁合せ図は、Mサイズを配置しています。サイズによっては配置や用尺が変わったり、Lサイズ、2Lサイズは指定の布幅で裁てない場合があるので、必ず確認してから布を購入しましょう。

＊作り方イラスト内の数字の単位はcmです。

〈 この本のサイズ表 〉

	S	M	L	2L
身長	154	158	162	166
バスト	83	87	91	95
ウエスト	63	67	71	75
ヒップ	89	93	97	101

単位：cm

実物大パターンの
使い方

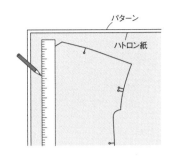

1

作りたい作品が決まったら、付録の実物大パターンにハトロン紙などの薄紙を重ね、鉛筆またはシャープペンシルで写します。各パーツの名称、合い印、布目線なども忘れずに写します。

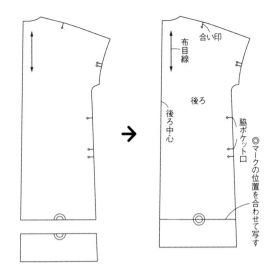

2

丈の長いパターンは2枚に切り離して入っています。図のように指定の◎マークの位置で突き合わせて写します。

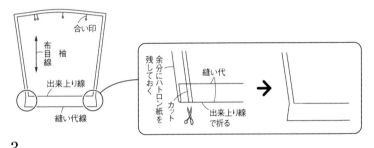

3

実物大パターンには縫い代が含まれていません。作り方ページの裁合せ図を参照して、出来上り線に平行に縫い代をつけます。袖口は縫い代が不足しないよう、図のように縫い代をつけます。

ボタン、ボタンホール位置を
写すときの注意点

1枚のパターンに複数のスタイルが入っている場合、ボタン、ボタンホール位置が重なり、分かりにくいため、見返しなどに記載している場合があります。

パターン内の記号

 布目線
矢印の方向に縦地を通す

「わ」に裁つ線
この線を布の折り山に当て、左右対称のパーツにする

 合い印
別々のパーツを合わせるための印

 タック
斜線の高いほうから低いほうに向かって布をたたむ

「わ」のパターン
について

「わ」は半分の状態です。布を半分に折って裁つか、「わ」の位置で左右対称に広げたパーツを作り、布を裁ちます。

印つけ

厚紙を下敷きにし、布地の間に両面チョークペーパーをはさみ、ルレットで出来上り線をなぞって布地の裏面に印をつけます。

接着芯のはり方

布地に接着芯をはることで、伸び止めや形くずれを防ぐなどの役割があります。

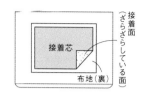

1 布地の裏面と接着芯のざらざらしている面を合わせます。

2 ハトロン紙(薄紙)または当て布をのせてドライアイロン(中温140〜160℃)をかけます。

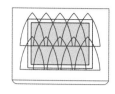

3 アイロンは滑らないで、体重をかけて上から押さえます。少しずつずらしながらはり残しのないようにします。

布ループの作り方

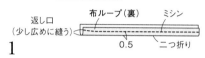

1 布ループを中表に二つ折りにし、ミシンをかけます。片方の返し口を少し広めに縫います。

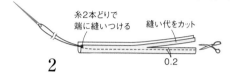

2 縫い代を0.2cmにカットします。針に糸を通し、2本どりで端に縫いつけます。

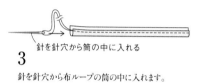

3 針を針穴から布ループの筒の中に入れます。

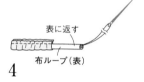

4 針を引っ張り、表に返します。

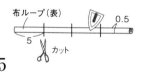

5 アイロンで形を整え、必要な寸法にカットします。

折伏せ縫い

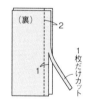

1 中表に合わせて縫います。倒す側の縫い代を1cmにカットします。

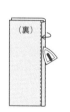

2 広いほうの縫い代で狭いほうをくるむようにアイロンで折ります。

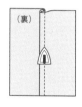

3 2の縫い代を1でカットした側に倒し、アイロンで整えます。

4 2の折り山の際にミシンをかけます。

バイアス布・パイピング布の作り方

1 45度の角度でテープ状にカットします。長さはつけ寸法+2〜3cm。必要な長さを1枚でカットできないときは、はぎ合わせて作ります。

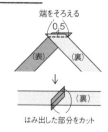

2 はぎ合わせるときは、中表に合わせて縫い、縫い代を割ります。はみ出した縫い代はカットします。

くるみボタンの作り方

専用の道具が必要なため、市販のキットで作るか、お好みのボタンを使用してください。

ボタンホールの作り方

ボタンホールの寸法は「ボタンの直径+厚み」。横穴のボタンホール位置は、中心線のボタンつけ位置から0.2〜0.3cm前端側に作ります。縦穴のボタンホール位置はボタンつけ位置を中心にして作ります。

〈ボタンホールの寸法〉　〈ボタンホール位置〉

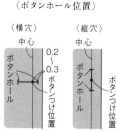

35

A リボンタイブラウス

Photo / P.08　実物大パターン A 面

ヨーロッパの古い農業服をイメージして作ったプルオーバータイプのブラウス。コロコロと小さなくるみボタンを胸もとに並べてみました。春らしい色のリネンで取り入れてみましたが、白や亜麻色のリネンで作ると、よりアンティーク感が増します。

［材料］※左から S/M/L/2L サイズ
表布(Pres-de　60 番シャンブレーベルギー産プリミエル
リネンローン生地　国内染め　ヴィンテージワッシャー加工無地　サックス)
…112 cm幅 1m90 /1m90 cm /2m/2m
接着芯…30×50 cm
山高くるみボタン…直径 1 cm を 12 個

［出来上り寸法］※左から S/M/L/2L サイズ
バスト…106.2/109.6/113/116.4 cm
着丈…64/65/66/67 cm
袖丈…46/47/48/49 cm

［縫い方］準備：表衿、表カフスに接着芯をはる。

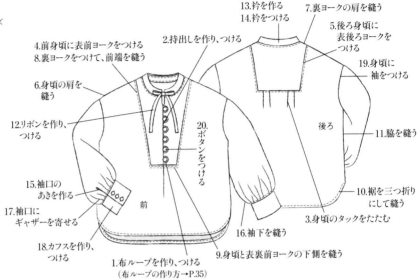

4.前身頃に表前ヨークをつける
8.裏ヨークをつけて、前端を縫う
6.身頃の肩を縫う
12.リボンを作り、つける
15.袖口のあきを作る
17.袖口にギャザーを寄せる
18.カフスを作り、つける
1.布ループを作り、つける（布ループの作り方→P.35）
2.持出しを作り、つける
13.衿を作る
14.衿をつける
7.裏ヨークの肩を縫う
5.後ろ身頃に表後ろヨークをつける
19.身頃に袖をつける
20.ボタンをつける
11.脇を縫う
10.裾を三つ折りにして縫う
3.身頃のタックをたたむ
16.袖下を縫う
9.身頃と表裏前ヨークの下側を縫う
前
後ろ

［裁合せ図］

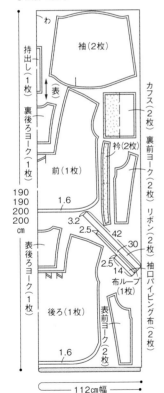

わ
袖(2枚)
持出し(1枚) 表
裏後ろヨーク(1枚)
カフス(2枚)
衿(2枚)
裏前ヨーク(2枚)
前(1枚)
リボン(2枚)
袖口パイピング布(2枚)
表後ろヨーク(1枚)
布ループ(1枚)
後ろ(1枚)
表前ヨーク(2枚)

190
190
200
200
cm

1.6
3.2
2.5
42
30
2.5
14
1.6

112cm幅

※指定以外の縫い代は 1 cm
※▨▨▨ は裏に接着芯をはる
※数字は上から S ／ M ／ L ／ 2L サイズ
※リボン、袖口パイピング布、布ループは
　裁合せ図の寸法で直接布をカットする

1. 布ループを作り、つける
（布ループの作り方→ P.35）

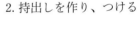

縫い代に仮どめミシン
布ループ(表)
表右前ヨーク(表)
表右前ヨーク(表)
表左前ヨーク(表)
ボタンつけ位置
0.5
0.8
1
出来上り線
ボタンつけ位置が中心になるように布ループを合わせる

2. 持出しを作り、つける

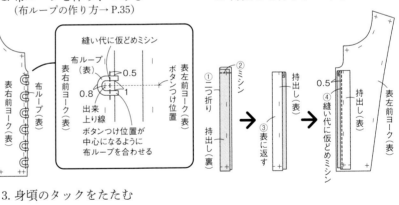

①二つ折り
持出し(裏)
②ミシン
持出し(表)
③表に返す
④縫い代に仮どめミシン
0.5
持出し(表)
表左前ヨーク(表)

3. 身頃のタックをたたむ

前(表)
②仮どめミシン
0.5
①タックをたたむ
④仮どめミシン
0.5
③タックをたたむ
後ろ(表)

4. 前身頃に表前ヨークをつける

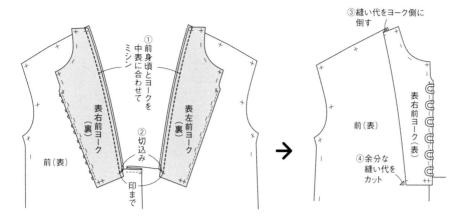

①前身頃とヨークを中表に合わせてミシン

②切込み　印まで

表右前ヨーク（裏）　表左前ヨーク（裏）

前（表）

③縫い代をヨーク側に倒す

④余分な縫い代をカット

前（表）　表右前ヨーク（表）

5. 後ろ身頃に表後ろヨークをつける

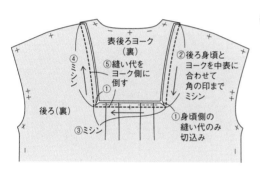

表後ろヨーク（裏）

②後ろ身頃とヨークを中表に合わせて角の印までミシン

④ミシン　⑤縫い代をヨーク側に倒す　①

③ミシン

後ろ（裏）

①身頃側の縫い代のみ切込み

6. 身頃の肩を縫う

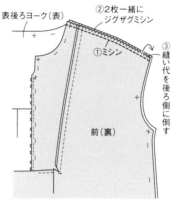

表後ろヨーク（表）

②2枚一緒にジグザグミシン

①ミシン

③縫い代を後ろ側に倒す

前（裏）

7. 裏ヨークの肩を縫う

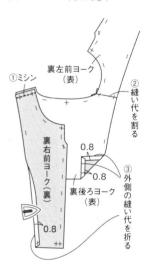

①ミシン　裏左前ヨーク（表）

②縫い代を割る

裏右前ヨーク（裏）

0.8　0.8　0.8

裏後ろヨーク（表）

③外側の縫い代を折る

8. 裏ヨークをつけて、前端を縫う

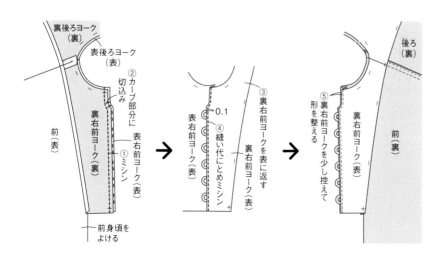

裏後ろヨーク（裏）

表後ろヨーク（表）

②カーブ部分に切込み

前（表）　表右前ヨーク（表）

裏右前ヨーク（裏）　①ミシン

前身頃をよける

表右前ヨーク（裏）　0.1

④縫い代にとめミシン

表右前ヨーク（表）

③裏右前ヨークを表に返す

裏右前ヨーク（表）

後ろ（裏）

⑤裏右前ヨークを少し控えて形を整える

裏右前ヨーク（表）　前（裏）

前（裏）　0.1　裏左前ヨーク（表）　持出し（表）

37

※左前ヨークも同様に縫う

9. 身頃と表裏前ヨークの下側を縫う

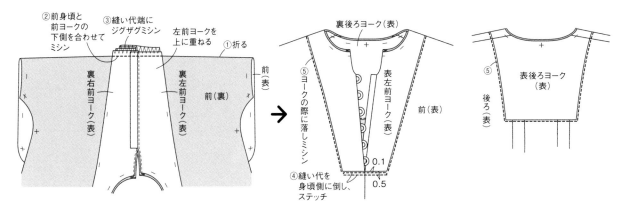

②前身頃と前ヨークの下側を合わせてミシン
③縫い代端にジグザグミシン
④左前ヨークを上に重ねる
①折る

裏右前ヨーク（表）
裏左前ヨーク（表）
前（裏）
前（表）

裏後ろヨーク（表）
⑤ヨークの際に落しミシン
表左前ヨーク（表）
前（表）
④縫い代を身頃側に倒し、ステッチ
0.1
0.5

表後ろヨーク（表）
⑤
後ろ（表）

10. 裾を三つ折りにして縫う
11. 脇を縫う

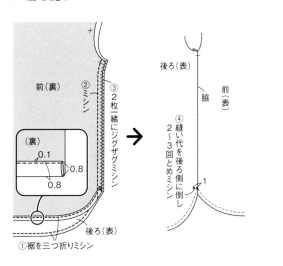

前（裏）
②ミシン
③2枚一緒にジグザグミシン
（裏）
0.1
0.8
0.8
①裾を三つ折りミシン
後ろ（表）

後ろ（表）
脇
前（表）
④縫い代を後ろ側に倒し2～3回とめミシン
1

12. リボンを作り、つける

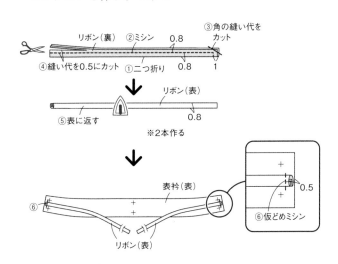

リボン（裏）
②ミシン
0.8
③角の縫い代をカット
④縫い代を0.5にカット
①二つ折り
0.8
1

リボン（表）
⑤表に返す
0.8
※2本作る

表衿（表）
リボン（表）
⑥
0.5
⑥仮どめミシン

13. 衿を作る

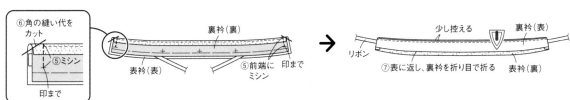

②印までミシン
①裏衿の縫い代を0.8折る
裏衿（裏）
リボン
表衿（表）

③縫い代を裏衿側に倒す
印まで
④縫い代と裏衿をとめミシン
折り目を開く
裏衿（表）
印まで
0.1
表衿（表）

⑥角の縫い代をカット
⑤ミシン
印まで
裏衿（裏）
表衿（表）
⑤前端にミシン
印まで

少し控える
裏衿（表）
リボン
⑦表に返し、裏衿を折り目で折る
表衿（裏）

14. 衿をつける

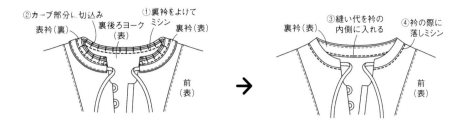

②カーブ部分に切込み　①裏衿をよせて
表衿(裏)　裏後ろヨーク(表)　ミシン　裏衿(表)　　　　　裏衿(表)　③縫い代を衿の内側に入れる　④衿の際に落しミシン

前(表)　　→　　前(表)

15. 袖口のあきを作る

16. 袖下を縫う

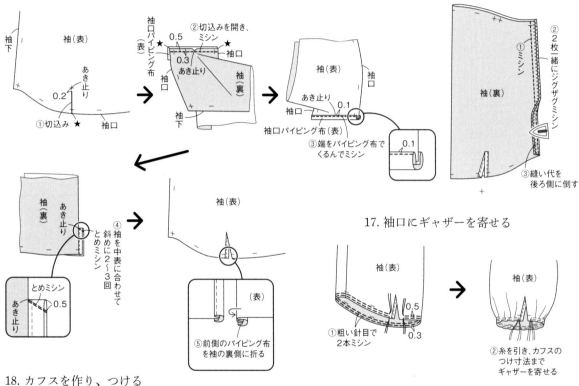

袖下　袖(表)　あき止り　0.2　①切込み★　袖口

袖口パイピング布(表)　②切込みを開き、ミシン★　0.5　0.3　袖口　あき止り　袖口　袖(裏)　袖下　袖口

袖(表)　あき止り　袖口　0.1　袖口パイピング布(表)　③端をパイピング布でくるんでミシン　0.1

袖(裏)　あき止り　④袖を中表に合わせて斜めに2〜3回とめミシン　とめミシン　あき止り　0.5

袖(表)　(表)　⑤前側のパイピング布を袖の裏側に折る

①ミシン　袖(裏)　②2枚一緒にジグザグミシン　③縫い代を後ろ側に倒す

17. 袖口にギャザーを寄せる

袖(表)　①粗い針目で2本ミシン　0.5　0.3

袖(表)　②糸を引き、カフスのつけ寸法までギャザーを寄せる

18. カフスを作り、つける

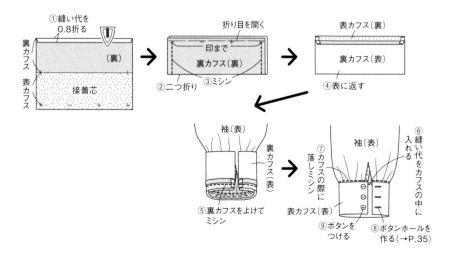

①縫い代を0.8折る　折り目を開く　表カフス(裏)

裏カフス　表カフス　(裏)　印まで　裏カフス(裏)　接着芯　②二つ折り　③ミシン　裏カフス(表)　④表に返す

袖(表)　裏カフス(裏)　裏カフス(表)　⑤裏カフスをよけてミシン

袖(表)　⑥縫い代をカフスの中に入れる　⑦カフスの際に落しミシン　表カフス(表)　⑨ボタンをつける　⑧ボタンホールを作る(→P.35)

19. 身頃に袖をつける

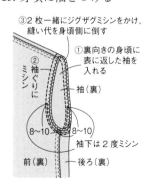

③2枚一緒にジグザグミシンをかけ、縫い代を身頃側に倒す

②袖ぐりにミシン　①裏向きの身頃に表に返した袖を入れる　袖ぐり　袖(裏)

8〜10　8〜10　袖下は2度ミシン

前(裏)　後ろ(裏)

B 大きい衿のワンピース

Photo / P.18、P.19   実物大パターンA面

存在感のある大きな衿が魅力のワンピース。甘くなりすぎないように、シックな黒で作りました。ちょっとしたお出かけに活躍する、上品な雰囲気。首もとのあきがニークなので、大きな衿をなくしてシンプルに仕上げても素敵です。

[材料] ※左からS/M/L/2Lサイズ
表布(DARUMA FABRIC Paper 高密度タイプライター Kuro)
…145cm幅 2m90cm /2m90cm /3m/3m10cm
接着芯…90cm幅60cm
接着テープ…1.5cm幅を40cm
ボタン…直径1cmを7個

[出来上り寸法] ※左からS/M/L/2Lサイズ
バスト…106.2/109.6/113/116.4cm
着丈…115.6/117.6/119.6/121.6cm
袖丈…16.5/17/17.5/18cm

[縫い方] 準備：表衿、表台衿、袖口見返しに接着芯をはる。

[裁合せ図]

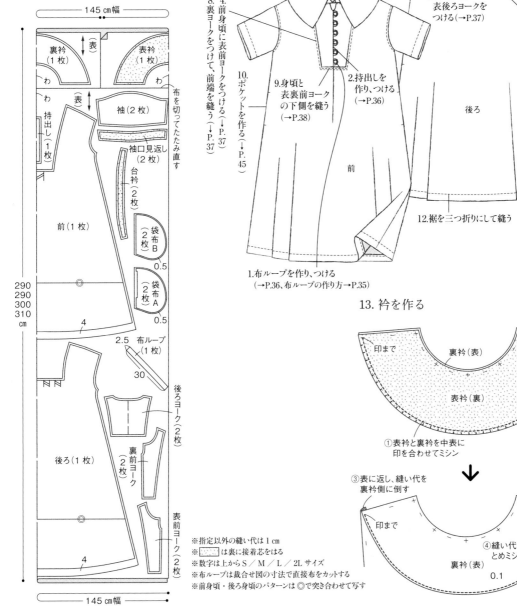

6.身頃の肩を縫う(→P.37)
7.裏ヨークの肩を縫う(→P.37)
19.ボタンホールを作り、ボタンをつける (ボタンホールの作り方→P.35)
18.身頃に袖をつける
15.衿をつける(→P.39)
17.袖口見返しを作り、つける
13.衿を作る
14.衿に台衿をつける
5.後ろ身頃に表後ろヨークをつける(→P.37)
8.裏ヨークをつけて、前端を縫う(→P.37)
4.前身頃に表前ヨークをつける(→P.37)
16.袖下を縫う
10.ポケットを作る(→P.45)
9.身頃と表裏前ヨークの下側を縫う(→P.38)
2.持出しを作り、つける(→P.36)
3.身頃のタックをたたむ(→P.36)
11.脇を縫う(→P.45)
12.裾を三つ折りにして縫う
1.布ループを作り、つける(→P.36、布ループの作り方→P.35)
(裏) 0.1

裏衿(1枚)
表衿(1枚)
持出し(1枚)
袖(2枚)
袖口見返し(2枚)
台衿(2枚)
前(1枚)
袋布B(2枚) 0.5
袋布A(2枚) 0.5
布ループ(1枚) 2.5 / 30
後ろヨーク(2枚)
裏前ヨーク(2枚)
後ろ(1枚)
表前ヨーク(2枚)
4
290 290 300 310 cm
4
布を切ってたたみ直す
わ
わ
(表)
(表)

145cm幅

※指定以外の縫い代は1cm
※ ░░░ は裏に接着芯をはる
※数字は上からS／M／L／2Lサイズ
※布ループは裁合せ図の寸法で直接布をカットする
※前身頃・後ろ身頃のパターンは◎で突き合わせて写す

13. 衿を作る

印まで   裏衿(表)   印まで
表衿(裏)
①表衿と裏衿を中表に印を合わせてミシン
②カーブ部分に切込み

③表に返し、縫い代を裏衿側に倒す
印まで   印まで
裏衿(表)
表衿(表)
④縫い代と裏衿をとめミシン
0.1
表衿(表)

40

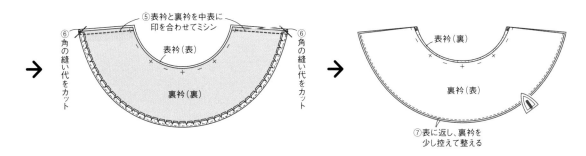

⑤表衿と裏衿を中表に印を合わせてミシン

⑥角の縫い代をカット

表衿(表)

裏衿(裏)

⑥角の縫い代をカット

表衿(裏)

裏衿(表)

⑦表に返し、裏衿を少し控えて整える

14. 衿に台衿をつける

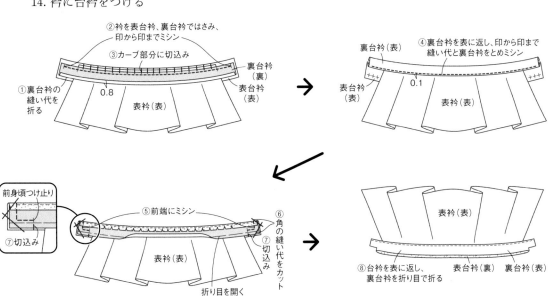

②衿を表台衿、裏台衿ではさみ、印から印までミシン

③カーブ部分に切込み

①裏台衿の縫い代を折る

裏台衿(裏)

0.8

表衿(表)

裏台衿(裏)

表台衿(表)

④裏台衿を表に返し、印から印まで縫い代と裏台衿をとめミシン

裏台衿(表)

表台衿(表)

0.1

表衿(表)

前身頃つけ止り

⑦切込み

⑤前端にミシン

表衿(表)

⑥角の縫い代をカット

⑦切込み

折り目を開く

表衿(表)

⑧台衿を表に返し、裏台衿を折り目で折る

表台衿(裏)

裏台衿(表)

16. 袖下を縫う

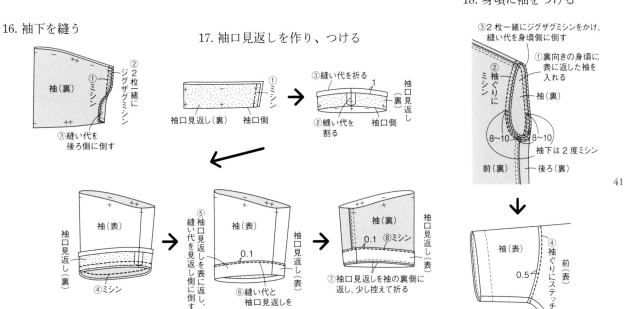

袖(裏)

①ミシン

②2枚一緒にジグザグミシン

③縫い代を後ろ側に倒す

17. 袖口見返しを作り、つける

袖口見返し(裏)

袖口側

①ミシン

③縫い代を折る

②縫い代を割る

袖口見返し(裏)

袖口側

1

袖(表)

袖口見返し(裏)

④ミシン

⑤袖口見返しを表に返し、縫い代を見返し側に倒す

袖(表)

0.1

袖口見返し(表)

⑥縫い代と袖口見返しをとめミシン

袖(裏)

0.1

⑧ミシン

袖口見返し(表)

⑦袖口見返しを袖の裏側に返し、少し控えて折る

18. 身頃に袖をつける

③2枚一緒にジグザグミシンをかけ、縫い代を身頃側に倒す

①裏向きの身頃に表に返した袖を入れる

②袖ぐりにミシン

袖(裏)

8〜10

8〜10

袖下は2度ミシン

前(裏)

後ろ(裏)

袖(表)

0.5

④袖ぐりにステッチ

前(表)

41

C ラグラン袖のギャザーブラウス

Photo / P.11、P.26、P.29、P.31　実物大パターンB面

ふんわりとした手触りのリネンで作った、ギャザーたっぷりのプルオーバーブラウス。首もとと袖口にフリルをあしらい、甘い雰囲気に仕上げました。パンツスタイルにとても相性がいいです。ダークな色で大人っぽく仕上げるのもおすすめです。

[材料] ※左からS/M/L/2Lサイズ
表布(DARUMA FABRIC　Butterfly　リネンローン　Shiro)
…112cm幅 2m/2m10cm/2m10cm/2m20cm
接着芯…30×40cm
山高くるみボタン…直径1cmを5個

[出来上り寸法] ※左からS/M/L/2Lサイズ
バスト…125.4/128.4/131.4/134.4cm
着丈…53.2/54/54.8/55.6cm
袖丈…66.2/67.4/68.6/69.8cm

[縫い方] 準備：表台衿、表カフスに接着芯をはる。

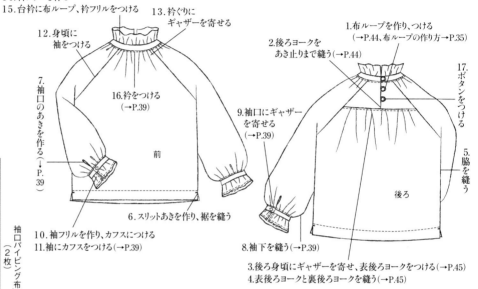

14.衿フリルを作る
15.台衿に布ループ、衿フリルをつける
13.衿ぐりにギャザーを寄せる
12.身頃に袖をつける
16.衿をつける（→P.39）
7.袖口のあきを作る（→P.39）
1.布ループを作り、つける（→P.44、布ループの作り方→P.35）
2.後ろヨークをあき止まりまで縫う（→P.44）
17.ボタンをつける
9.袖口にギャザーを寄せる（→P.39）
5.脇を縫う
前
後ろ
6.スリットあきを作り、裾を縫う
10.袖フリルを作り、カフスにつける
11.袖にカフスをつける（→P.39）
8.袖下を縫う（→P.39）
3.後ろ身頃にギャザーを寄せ、表後ろヨークをつける（→P.45）
4.表後ろヨークと裏後ろヨークを縫う（→P.45）

[裁合せ図]

わ
（表）
袖（2枚）
袖口パイピング布（2枚）
裏後ろヨーク（2枚）
2.5　2.5
14
15
表後ろヨーク（2枚）
布ループ（1枚）
台衿（2枚）
前（1枚）
5
裏カフス（2枚）
衿フリル（1枚）
後ろ（1枚）
袖フリル（2枚）
5
表カフス（2枚）
200 210 210 220 cm
112cm幅

※指定以外の縫い代は1cm
※ □ は裏に接着芯をはる
※数字は上からS/M/L/2Lサイズ
※袖口パイピング布、布ループは裁合せ図の寸法で直接布をカットする

5.脇を縫う

前（裏）
ミシン
後ろ（表）
スリット止り
− ＋

6.スリットあきを作り、裾を縫う

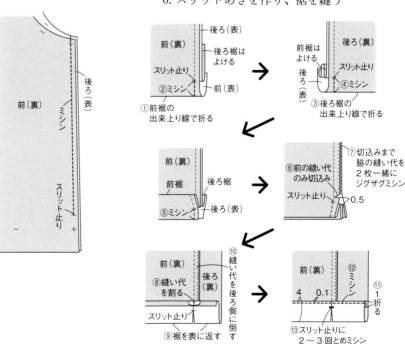

前（裏）
後ろ（表）
後ろ裾はよける
スリット止り
②ミシン
前（表）
①前裾の出来上り線で折る

前裾はよける
後ろ（表）
スリット止り
④ミシン
後ろ
③後ろ裾の出来上り線で折る

前（裏）
前裾
後ろ裾
後ろ（表）
⑤ミシン

⑦切込みまで脇の縫い代を2枚一緒にジグザグミシン
⑥前の縫い代のみ切込み
スリット止り
0.5

前（裏）
後ろ（裏）
⑧縫い代を割る
⑩縫い代を後ろ側に倒す
スリット止り
⑨裾を表に返す

前（裏）
後ろ
⑫ミシン
4　0.1
⑪1折る
⑬スリット止りに2〜3回とめミシン

42

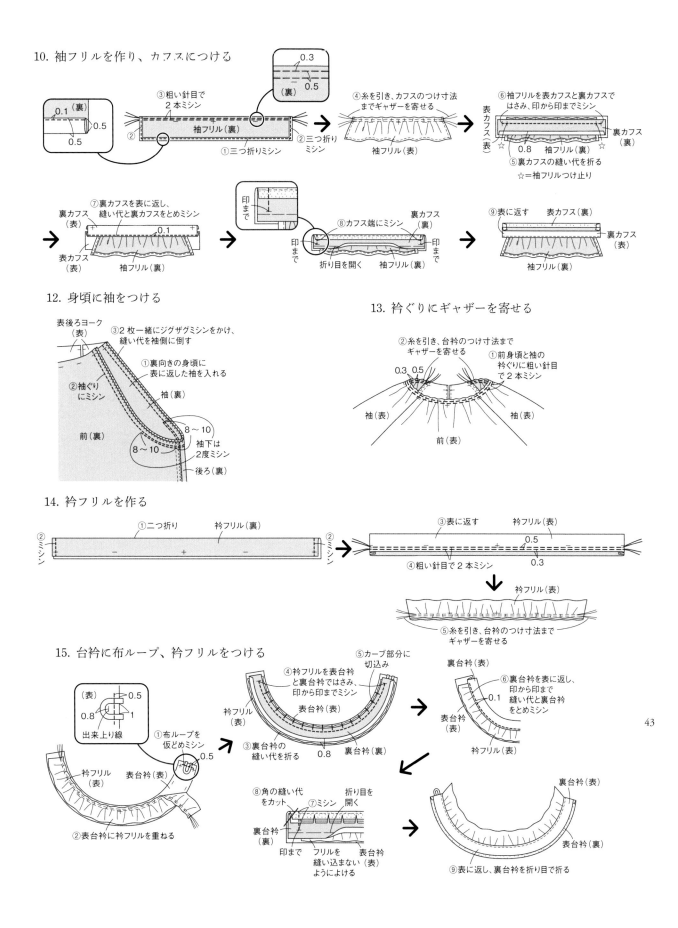

10. 袖フリルを作り、カフスにつける

③粗い針目で
2本ミシン

0.3
0.5
(裏)

0.1（裏）
0.5
0.5

②

袖フリル（裏）

①三つ折りミシン

②三つ折り
ミシン

④糸を引き、カフスのつけ寸法
までギャザーを寄せる

袖フリル（表）

⑥袖フリルを表カフスと裏カフスで
はさみ、印から印までミシン

表カフス（表）

裏カフス（裏）

0.8　袖フリル（裏）

⑤裏カフスの縫い代を折る

☆＝袖フリルつけ止り

⑦裏カフスを表に返し、
縫い代と裏カフスをとめミシン

裏カフス（表）

0.1

表カフス（表）

袖フリル（裏）

印まで

⑧カフス端にミシン

印まで

折り目を開く　袖フリル（裏）

裏カフス（裏）

印まで

⑨表に返す

表カフス（裏）

裏カフス（表）

袖フリル（裏）

12. 身頃に袖をつける

表後ろヨーク（表）

③2枚一緒にジグザグミシンをかけ、
縫い代を袖側に倒す

①裏向きの身頃に
表に返した袖を入れる

②袖ぐり
にミシン

袖（裏）

前（裏）

8～10

8～10

袖下は
2度ミシン

後ろ（裏）

13. 衿ぐりにギャザーを寄せる

②糸を引き、台衿のつけ寸法まで
ギャザーを寄せる

①前身頃と袖の
衿ぐりに粗い針目
で2本ミシン

0.3　0.5

袖（表）

袖（表）

前（表）

14. 衿フリルを作る

②
ミシン

①二つ折り

衿フリル（裏）

②
ミシン

③表に返す

衿フリル（表）

0.5

④粗い針目で2本ミシン

0.3

衿フリル（表）

⑤糸を引き、台衿のつけ寸法まで
ギャザーを寄せる

15. 台衿に布ループ、衿フリルをつける

（表）　0.5

0.8
1

出来上り線

①布ループを
仮どめミシン

0.5

⑤カーブ部分に
切込み

④衿フリルを表台衿
と裏台衿ではさみ、
印から印までミシン

衿フリル（表）

表台衿（表）

③裏台衿の
縫い代を折る

0.8　裏台衿（裏）

⑥裏台衿を表に返し、
印から印まで
縫い代と裏台衿
をとめミシン

裏台衿（表）

0.1

表台衿
（表）

衿フリル（表）

衿フリル（表）

表台衿（表）

②表台衿に衿フリルを重ねる

⑧角の縫い代
をカット

裏台衿
（裏）

印まで

⑦ミシン

折り目を
開く

フリルを
縫い込まない
ようによける

表台衿
（表）

裏台衿（表）

表台衿（裏）

⑨表に返し、裏台衿を折り目で折る

43

D ラグラン袖のギャザーワンピース

Photo / P.09　実物大パターン B 面

大きな花のモチーフが素敵なリバティプリントで作ったワンピース。柄が主役なので、デザインはシンプルにまとめて。カフスと衿ぐりは、柄の色が引き立つように無地の布で仕上げました。

[材料] ※左から S/M/L/2L サイズ
表布(LIBERTY FABRICS　アーカイブ・ライラック タナローン)
…108 cm幅 3m60 cm /3m70 cm /3m80 cm /3m80 cm
別布(コットン　生成り)…70×40 cm /40 cm /40 cm /40 cm
接着芯…30×40 cm
接着テープ…1.5 cm幅を 40 cm
山高くるみボタン…直径 1 cmを 5 個

[出来上り寸法] ※左から S/M/L/2L サイズ
バスト…133.8/136.8/139.8/142.8 cm
着丈…102.2/104/105.8/107.6 cm
袖丈…57.5/58.7/59.9/61.1 cm

[縫い方]　準備：表衿、表カフスに接着芯をはる。

[裁合せ図]

〈表布〉

13.衿に布ループをつけて、作る（→P.38、43）
14.衿をつける（→P.39）
11.身頃に袖をつける（→P.43）
12.衿ぐりにギャザーを寄せる（→P.43）
1.布ループを作り、つける（布ループの作り方→P.35）
2.後ろヨークをあき止りまで縫う
16.ボタンをつける
4.表後ろヨークと裏後ろヨークを縫う
8.袖下を縫う（→P.39）
7.袖口のあきを作る（→P.39）
9.袖口にギャザーを寄せる（→P.39）
10.カフスを作り、つける（→P.39）
3.後ろ身頃にギャザーを寄せ、表後ろヨークをつける
6.脇を縫う
5.ポケットを作る
15.裾を三つ折りにして縫う

360 370 380 380 cm
前（1枚）
5
後ろ（1枚）
5

※指定以外の縫い代は 1 cm
※（網掛け）は裏に接着芯をはる
※数字は上から S / M / L / 2L サイズ
※袖口パイピング布、布ループは裁合せ図の寸法で直接布をカットする
※前身頃・後ろ身頃のパターンは◎で突き合わせて写す

〈別布〉
わ カフス（2枚）表
衿（2枚）
2.5　5
布ループ（1枚）
70 cm
40 40 40 40 cm

裏後ろヨーク（2枚）
表後ろヨーク（2枚）
袖口パイピング布（2枚）
2.5　14
2.5　10
布ループ（1枚）
袖（2枚）
袋布 B（2枚）
袋布 A（2枚）
0.5
0.5
布を切ってたたみ直す
108 cm幅

（裏）0.1
4
1

1. 布ループを作り、つける
（布ループの作り方→ P.35）

表左後ろヨーク（表）
布ループ（表）
縫い代に仮どめミシン（表）
0.5
0.8　1
出来上り線

2. 後ろヨークをあき止りまで縫う

表後ろヨーク（裏）
表後ろヨーク（表）
あき止り
①ミシン

表後ろヨーク（裏）
②縫い代を割る
※裏後ろヨークも同様に作る

裏後ろヨーク（裏）
③裏後ろヨークのみ縫い代を折る
0.8

44

3 後ろ身頃にギャザーを寄せ、表後ろヨークをつける

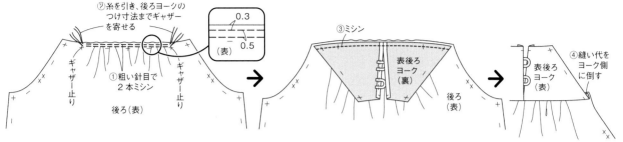

4. 表後ろヨークと裏後ろヨークを縫う

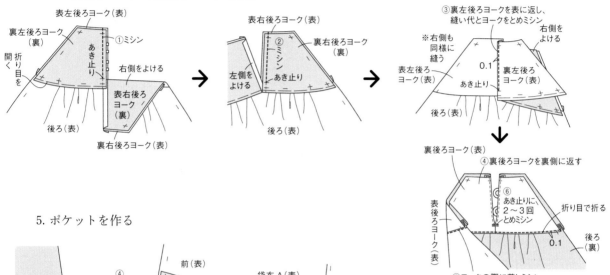

5. ポケットを作る

6. 脇を縫う

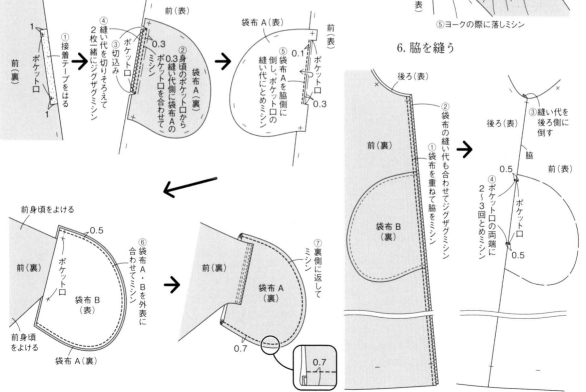

E

ショルダーフリルブラウス

Photo / P.10　実物大パターン C 面

大きめのフリルが存在感のあるブラウス。衿もとはバンドカラーでシンプルに仕上げました。ニュアンスのあるくすんだ色で作ると甘すぎず、しゃれた雰囲気になります。ブラックやチャコールなどシックな色なら大人っぽさも。

［材料］※左から S/M/L/2L サイズ
表布(Pres-de　60 ローン　ベルギー産リネン生地　国内染め
ヴィンテージワッシャー加工無地　モーヴ)
…112 cm幅 1m80 cm /1m80 cm /1m80 cm /1m90 cm
接着芯…30×60 cm
ボタン…直径 1 cmを 10 個

［出来上り寸法］※左から S/M/L/2L サイズ
バスト…105/109/113/117 cm
着丈…61/62/63/64 cm
袖丈…16.8/17.2/17.6/18 cm

［縫い方］準備：表衿、表カフスに接着芯をはる。

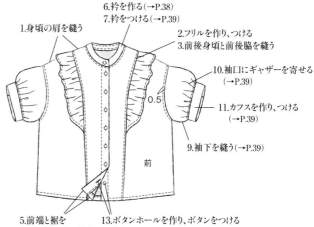

6.衿を作る(→P.38)
7.衿をつける(→P.39)
1.身頃の肩を縫う
2.フリルを作り、つける
3.前後身頃と前後脇を縫う
10.袖口にギャザーを寄せる(→P.39)
11.カフスを作り、つける(→P.39)
9.袖下を縫う(→P.39)
前
5.前端と裾を三つ折りにして縫う
13.ボタンホールを作り、ボタンをつける(ボタンホールの作り方→P.35)
0.5

［裁合せ図］

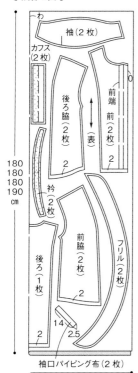

わ
袖(2枚)
カフス(2枚)
後ろ脇(2枚)
(表)
前端　前(2枚)
2
2
0
180
180
180
190
cm
衿(2枚)
後ろ(1枚)
前脇(2枚)
フリル(2枚)
2
2
14　2.5
2
袖口パイピング布(2枚)
112cm幅

※指定以外の縫い代は 1 cm
※　　は裏に接着芯をはる
※数字は上から S ／ M ／ L ／ 2L サイズ
※袖口パイピング布は裁合せ図の寸法で直接布をカットする

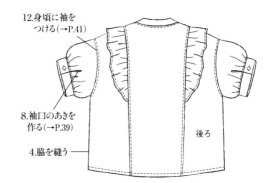

12.身頃に袖をつける(→P.41)
8.袖口のあきを作る(→P.39)
4.脇を縫う
後ろ

1. 身頃の肩を縫う

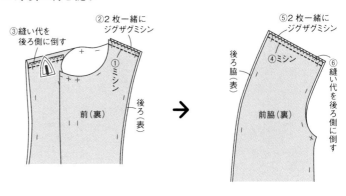

③縫い代を後ろ側に倒す
②2 枚一緒にジグザグミシン
①ミシン
前(裏)
後ろ(表)
⑤2 枚一緒にジグザグミシン
④ミシン
後ろ脇(表)
⑥縫い代を後ろ側に倒す
前脇(裏)

46

2. フリルを作り、つける

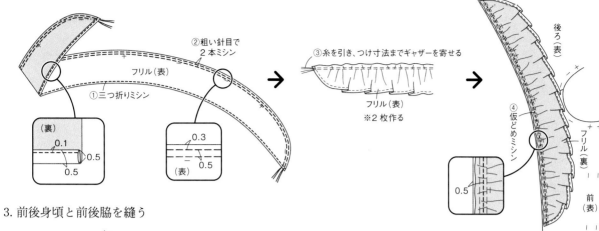

②粗い針目で2本ミシン

フリル（表）

①三つ折りミシン

（裏）
0.1
0.5
0.5

0.3
0.5
（表）

③糸を引き、つけ寸法までギャザーを寄せる

フリル（表）
※2枚作る

後ろ（表）

④仮どめミシン

フリル（裏）

前（表）

0.5

3. 前後身頃と前後脇を縫う

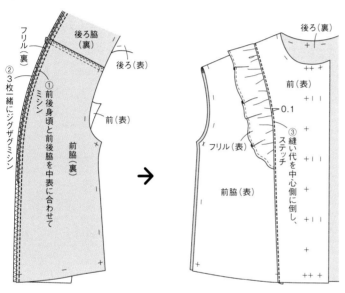

後ろ脇（裏）

後ろ（表）

フリル（裏）

②3枚一緒にジグザグミシン

①前後身頃と前後脇を中表に合わせて

ミシン

前（表）

前脇（裏）

後ろ（裏）

前（表）

0.1

③縫い代を中心側に倒し、ステッチ

フリル（表）

前脇（表）

4. 脇を縫う

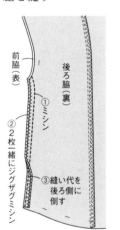

前脇（表）

後ろ脇（裏）

①ミシン

②2枚一緒にジグザグミシン

③縫い代を後ろ側に倒す

5. 前端と裾を三つ折りにして縫う

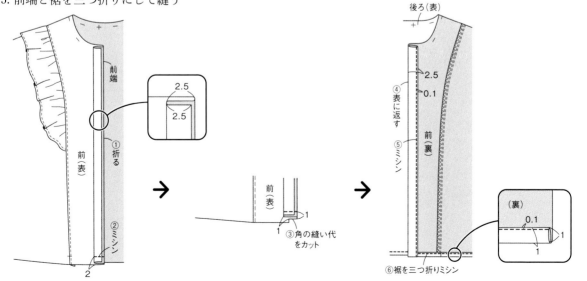

前端

前（表）

①折る

②ミシン

2

2.5
2.5

前（表）

1
1

③角の縫い代をカット

後ろ（表）

2.5
0.1

④表に返す

⑤ミシン

前（裏）

（裏）
0.1
1
1

⑥裾を三つ折りミシン

47

F ショルダーフリルワンピース

Photo / P.23 　実物大パターン C 面

肩からウエストへ続くフリルが印象的。こちらはEのブラウスをアレンジして、ワンピースにしてみました。フリルのみシフォンやローンのような軽やかな素材で作ってもおもしろいかもしれません。

[材料] ※左から S / M / L / 2L サイズ
表布(布もよう　40sフレンチリネンキャンバスワッシャー　キャメル)
…130 cm幅 3m10 cm /3m10 cm /3m20 cm /3m30 cm
接着芯…30×60 cm
接着テープ…1.5 cm幅を 40 cm
ボタン…直径 1 cmを 9 個

[出来上り寸法] ※左から S / M / L / 2L サイズ
バスト…107/110.2/113.4/116.6 cm
着丈…114.5/116/117.5/119 cm
袖丈…25.2/25.7/26.2/26.7 cm

[縫い方] 　準備:表衿、表カフスに接着芯をはる。

[裁合せ図]

わ
袖(2枚)
表
後ろ(1枚)
後ろ脇(2枚)
袋布A(2枚)
0.5
前脇(2枚)
前(2枚)前端
フリル(2枚)
0
袖口パイピング布(2枚)
2.5
袋布B(2枚)
14
0.5
310
310
320
330
cm
前スカート(1枚)
衿(2枚)
3
後ろスカート(1枚)
カフス(2枚)
3
130cm幅

※指定以外の縫い代は 1 cm
※ ▨ は裏に接着芯をはる
※数字は上から S ／ M ／ L ／ 2L サイズ
※袖口パイピング布は裁合せ図
　の寸法で直接布をカットする

1.身頃の肩を縫う(→P.46)
6.衿を作る(→P.38)
7.衿をつける(→P.39)
4.前端を三つ折りにして縫う
18.ボタンホールを作り、ボタンをつける(ボタンホールの作り方→P.35)
10.袖口にギャザーを寄せる(→P.39)
0.5
11.カフスを作り、つける(→P.39)
5.身頃の脇を縫う(→P.47)
9.袖下を縫う(→P.39)
13.ポケットを作る(→P.45)
前

2.フリルを作り、つける(→P.47)
3.前後身頃と前後脇を縫う(→P.47)
12.身頃に袖をつける(→P.41)
14.スカートの脇を縫う
8.袖口のあきを作る(→P.39)
15.スカートにギャザーを寄せる
17.身頃にスカートをつける
後ろ
16.裾を三つ折りにして縫う

48

4. 前端を三つ折りにして縫う

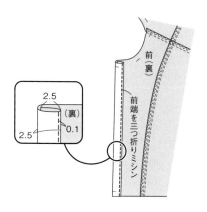

2.5
2.5
（裏）
0.1

前（裏）

前端を三つ折りミシン

14. スカートの脇を縫う

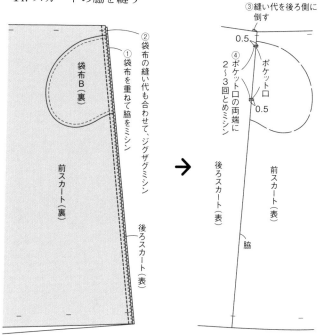

③縫い代を後ろ側に倒す

0.5

④ポケット口の両端に2〜3回とめミシン

ポケット口

0.5

後ろスカート（表）

前スカート（表）

脇

②袋布の縫い代も合わせて、ジグザグミシン

①袋布を重ねて脇をミシン

袋布B（裏）

前スカート（裏）

後ろスカート（表）

15. スカートにギャザーを寄せる

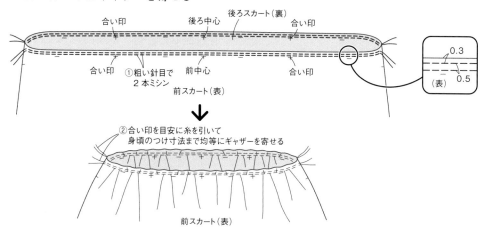

合い印　　後ろ中心　　後ろスカート（裏）　　合い印

合い印　　　①粗い針目で　前中心　　　合い印
　　　　　　　2本ミシン
　　　　　　　前スカート（表）

0.3
0.5
（表）

②合い印を目安に糸を引いて
身頃のつけ寸法まで均等にギャザーを寄せる

前スカート（表）

16. 裾を三つ折りにして縫う

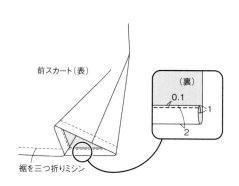

前スカート（表）

0.1
（裏）
1
2

裾を三つ折りミシン

17. 身頃にスカートをつける

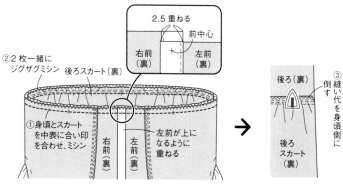

2.5 重ねる

前中心

右前（裏）　左前（裏）

②2枚一緒にジグザグミシン

後ろスカート（裏）

①身頃とスカートを中表に合い印を合わせ、ミシン

右前（裏）　左前（裏）

左前が上になるように重ねる

後ろ（裏）

③縫い代を身頃側に倒す

後ろスカート（裏）

49

G 前ボタンのジレ

Photo / P.26   実物大パターン D 面

ウール・リネンのトラッドなチェック柄で作った前ボタンのジレ。マニッシュな布地ですが、プリーツのように寄せたタックの裾がほのかに愛らしいです。無地やストライプなど、いろいろな素材で楽しんでください。

［材料］※左からS/M/L/2Lサイズ
表布(生地の森　梳毛ウールリネンガンフラチェック　チョコ)
…138cm幅 1m30cm /1m30cm /1m40cm /1m40cm
※チェック柄の布地を購入される際はチェックの一柄分
(20〜30cmくらい)多めに購入されることをおすすめします。
接着芯…90cm幅 80cm
ボタン…直径1.3cmを7個

［出来上り寸法］※左からS/M/L/2Lサイズ
バスト…95/98/101/104cm
着丈…55.5/57/58.5/60cm

［縫い方］　準備：前見返し、後ろ見返し、前袖ぐり見返し、後ろ袖ぐり見返し、
　　　　　　表前ベルト、表後ろベルトに接着芯をはる。

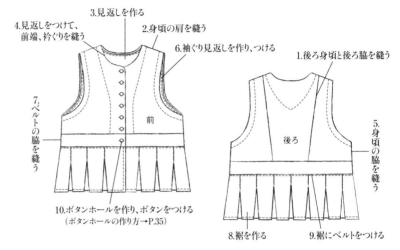

3.見返しを作る
2.身頃の肩を縫う
4.見返しをつけて、前端、衿ぐりを縫う
6.袖ぐり見返しを作り、つける
1.後ろ身頃と後ろ脇を縫う
前
後ろ
7.ベルトの脇を縫う
5.身頃の脇を縫う
10.ボタンホールを作り、ボタンをつける
(ボタンホールの作り方→P.35)
8.裾を作る
9.裾にベルトをつける

［裁合せ図］

わ
(表)
後ろ見返し(1枚)
前(2枚)
表前ベルト(2枚)
裏前ベルト(2枚)
前袖ぐり見返し(2枚)
後ろ袖ぐり見返し(2枚)
後ろベルト(2枚)
後ろ(1枚)
後ろ脇(2枚)
前見返し(2枚)
前裾(2枚)
後ろ裾(1枚)
2
2
130
130
140
140
cm
138cm幅

※指定以外の縫い代は1cm
※ は裏に接着芯をはる
※数字は上からS／M／L／2Lサイズ

50

1. 後ろ身頃と後ろ脇を縫う

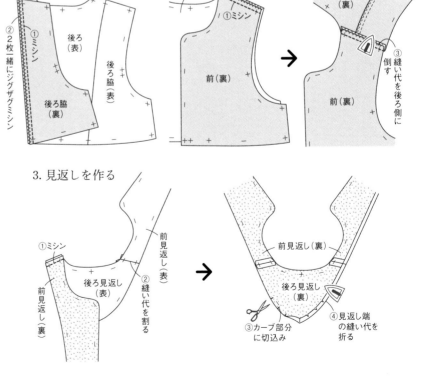

③縫い代を中心側に倒す
②2枚一緒にジグザグミシン
①ミシン
後ろ(表)
後ろ脇(表)
後ろ脇(裏)

2. 身頃の肩を縫う

②2枚一緒にジグザグミシン
後ろ(表)
①ミシン
前(裏)
③縫い代を後ろ側に倒す
後ろ(裏)
前(裏)

3. 見返しを作る

①ミシン
前見返し(表)
前見返し(裏)
後ろ見返し(表)
②縫い代を割る
③カーブ部分に切込み
前見返し(裏)
後ろ見返し(裏)
④見返し端の縫い代を折る

4. 見返しをつけて、前端、衿ぐりを縫う

5. 身頃の脇を縫う

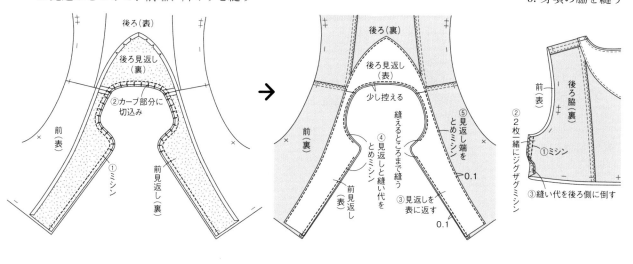

6. 袖ぐり見返しを作り、つける

7. ベルトの脇を縫う

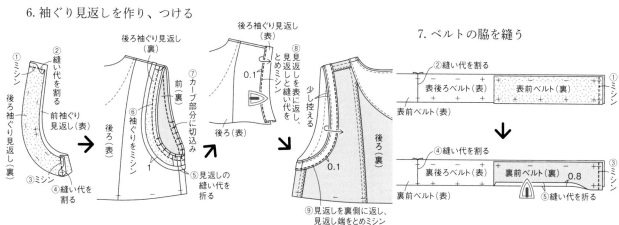

8. 裾を作る

9. 裾にベルトをつける

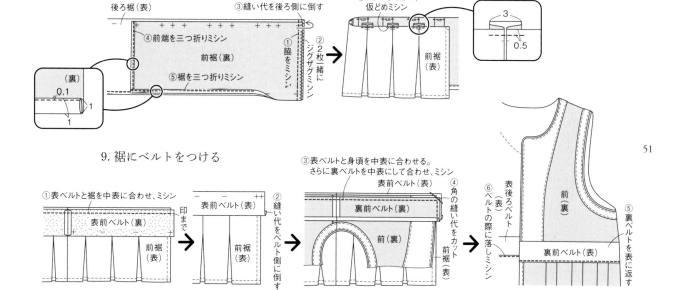

51

H レースのジレ

Photo / P.11、P.13、P.31　実物大パターン A 面

白の総レースの布で作った横結びのジレ。ブラウスやワンピースに重ねてコーディネイトできる楽しいアイテム。ウールのような暖かい素材で作るとちょっとした防寒用にもなります。胸まわりはリボンでサイズ調整できます。

[材料] ※左から S/M/L/2L サイズ
表布(ソールパーノ　ラッセルレース生地
ボーダーコードラッセルレース)
…135 cm幅 80 cm /80 cm /80 cm /80 cm
別布(リネン　白)
…110 cm幅 50 cm /50 cm /60 cm /60 cm
ボタン…直径 1.2 cmを 1 個

[出来上り寸法] ※左から S/M/L/2L サイズ
着丈…55/56.5/58/59.5 cm

[縫い方]

3.身頃の肩を縫う（→P.50）

4.布ループを作り、衿ぐりをパイピングする（布ループの作り方→P.35）

5.袖ぐりをパイピングする

1.後ろあきを作る

9.ボタンをつける

2.後ろ身頃と後ろ脇を縫う（→P.50）

前

後ろ

7.リボンを作り、つける

8.裾にベルトをつける

6.裾を作る

[裁合せ図]

1. 後ろあきを作る

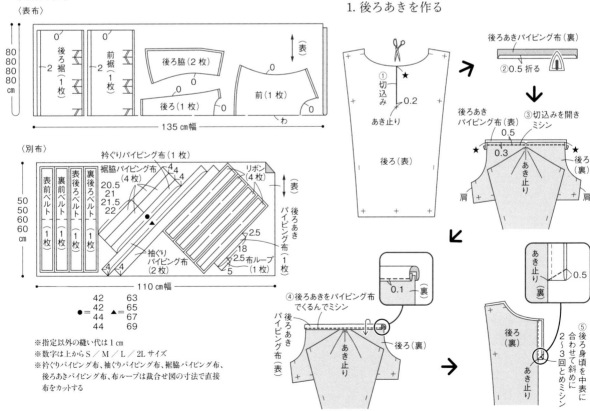

〈表布〉

後ろ裾(1枚)	前裾(1枚)	後ろ脇(2枚)		
		後ろ(1枚)	前(1枚)	

80 80 80 80 cm

135 cm幅

〈別布〉

衿ぐりパイピング布（1 枚）
裾脇パイピング布（4 枚）
リボン（4 枚）
後ろあきパイピング布（1 枚）
袖ぐりパイピング布（2 枚）
布ループ（1 枚）

表前ベルト（1 枚）
裏前ベルト（1 枚）
表後ベルト（1 枚）
裏後ベルト（1 枚）

50 50 60 60 cm

110 cm幅

20.5
21
21.5
22

2.5
18
2.5
5

4　4

4　4

● = 42　42　44　44
▲ = 63　65　67　69

※指定以外の縫い代は 1 cm
※数字は上から S ／ M ／ L ／ 2L サイズ
※衿ぐりパイピング布、袖ぐりパイピング布、裾脇パイピング布、
　後ろあきパイピング布、布ループは裁合せ図の寸法で直接
　布をカットする

①切込み
0.2
あき止り
後ろ(表)

後ろあきパイピング布(裏)
②0.5 折る

後ろあきパイピング布(表)
③切込みを開きミシン
0.5
0.3
あき止り
後ろ(裏)
肩　肩

④後ろあきをパイピング布でくるんでミシン
後ろあきパイピング布(表)
あき止り
0.1（裏）
後ろ(裏)

あき止り
0.5
（裏）

⑤後ろ身頃を中表に合わせて斜めに2～3回とめミシン
後ろ(裏)
あき止り

52

4. 布ループを作り、衿ぐりをパイピングする
（布ループの作り方→P.35）

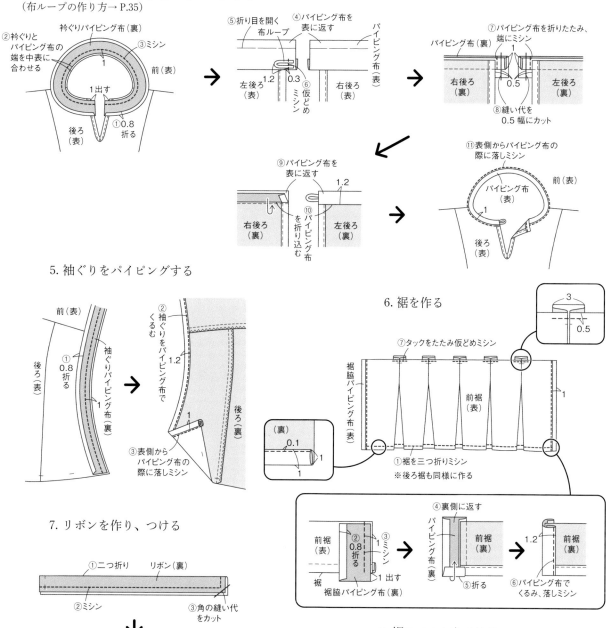

②衿ぐりとパイピング布の端を中表に合わせる
衿ぐりパイピング布（裏）
③ミシン
前（表）
1出す
①0.8折る
後ろ（表）

⑤折り目を開く
布ループ
④パイピング布を表に返す
パイピング布（表）
左後ろ（表）
1.2
0.3
⑥仮どめミシン
右後ろ（表）

⑦パイピング布を折りたたみ、端にミシン
パイピング布（裏）
右後ろ（裏）
0.5
左後ろ（裏）
⑧縫い代を0.5幅にカット

⑨パイピング布を表に返す
右後ろ（裏）
1.2
左後ろ（裏）
⑩パイピング布を折り込む

⑪表側からパイピング布の際に落しミシン
パイピング布（表）
前（表）
1
後ろ（表）

5. 袖ぐりをパイピングする

前（表）
後ろ（表）
①0.8折る
袖ぐりパイピング布（裏）
②袖ぐりをパイピング布でくるむ
1.2
後ろ（裏）
③表側からパイピング布の際に落しミシン

6. 裾を作る

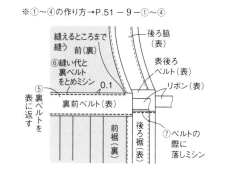

3
0.5

⑦タックをたたみ仮どめミシン
裾脇パイピング布（表）
前裾（表）
（裏）
0.1
①裾を三つ折りミシン
※後ろ裾も同様に作る

前裾（表）
②0.8折る
③ミシン
1
裾
裾脇パイピング布（裏）
1出す

④裏側に返す
パイピング布（裏）
前裾（裏）
⑤折る

1.2
前裾（裏）
⑥パイピング布でくるみ、落しミシン

7. リボンを作り、つける

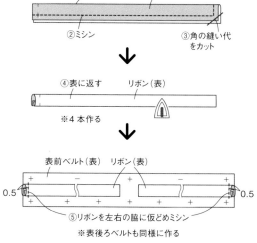

①二つ折り
リボン（裏）
②ミシン
③角の縫い代をカット

④表に返す
リボン（表）
※4本作る

表前ベルト（表）
リボン（表）
0.5
0.5
⑤リボンを左右の脇に仮どめミシン
※表後ろベルトも同様に作る

8. 裾にベルトをつける

※①～④の作り方→P.51－9－①～④

縫えるところまで縫う
前（裏）
⑥縫い代と裏ベルトをとめミシン
0.1
裏ベルトを表に返す
裏前ベルト（表）
後ろ脇（表）
表後ろベルト（表）
リボン（表）
前裾（裏）
後ろ裾（表）
⑦ベルトの際に落しミシン

I 衿つきギャザーブラウス

Photo / P.12 ｜実物大パターン B 面｜

ハイウエストの位置からギャザーをたっぷりと入れた、5分袖のブラウス。衿を黒の
コットン地にしてメリハリをつけました。後ろには黒のくるみボタンがついています。
初夏には風通しよく着心地のいいブラウスです。

[材料] ※左から S/M/L/2L サイズ
表布(CHECK&STRIPE　1オリジナル100 そうギンガムチェック)
…110 cm幅 2m/2m/2m10 cm /2m10 cm
別布(コットン　黒)
…60×30 cm /30 cm /30 cm /30 cm
接着芯…40×40 cm
山高くるみボタン…直径 1 cmを8個

[出来上り寸法] ※左から S/M/L/2L サイズ
バスト…112/115.2/118.4/121.6 cm
着丈…62/63.5/65/66.5 cm
袖丈…47/48/49/50 cm

[縫い方]　準備：表衿、表カフスに接着芯をはる。

[裁合せ図]
〈表布〉

1. 身頃の肩を縫い、袖口あきを作る
2. 衿を作る
3. 衿をつけて衿ぐりをパイピングし、後ろ端を縫う
4. 袖下を縫う
5. 袖口にカフスをつける(→P.57)
6. 裾を作る
7. 身頃に裾をつける
8. ボタンホールを作り、ボタンをつける
　(ボタンホールの作り方→P.35)

前
後ろ

1. 身頃の肩を縫い、袖口あきを作る

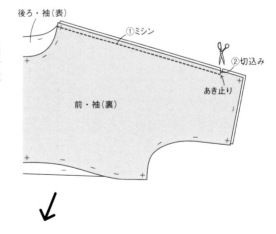

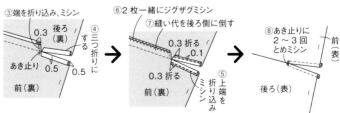

54

※指定以外の縫い代は 1 cm
※[   ]は裏に接着芯をはる
※数字は上から S ／ M ／ L ／ 2L サイズ
※バイアス布は裁合せ図の寸法で直接布をカットする
※表布のLサイズ、2Lサイズは 115 cm幅以上の布を使用する

2. 衿を作る

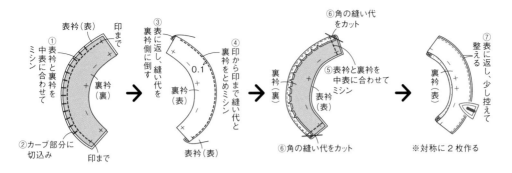

- 表衿（表）
- 印まで
- ①表衿と裏衿を中表に合わせてミシン
- 裏衿（裏）
- ②カーブ部分に切込み
- 印まで
- ③表に返し、縫い代を裏衿側に倒す
- 0.1
- 裏衿（表）
- ④印から印まで縫い代と裏衿をとめミシン
- 表衿（表）
- ⑥角の縫い代をカット
- 裏衿（裏）
- ⑤表衿と裏衿を中表に合わせてミシン
- 表衿（表）
- ⑥角の縫い代をカット
- ⑦表に返し、少し控えて整える
- 裏衿（表）
- ※対称に2枚作る

3. 衿をつけて衿ぐりをパイピングし、後ろ端を縫う

- ②後ろ端を折る
- 2.5
- 2.5
- 後ろ（表）
- ①縫い代に仮どめミシン
- 0.5
- 表衿（表）
- 表衿（表）

- ④ミシン
- 1出す
- バイアス布（裏）
- 後ろ（表）
- 衿ぐりの縫い代を0.5幅にカット
- ③0.7折る
- 表衿（表）
- 表衿（表）

- 後ろ（表）
- バイアス布（表）
- ⑥バイアス布を表に返し、縫い代とバイアス布をとめミシン
- 0.1
- 前（表）
- 表衿（表）

- 後ろ端を表に返す
- 0.1
- 2.5
- ⑧後ろ端をミシン
- 後ろ（裏）
- 表衿（表）
- 前（裏）
- ⑦縫い代を身頃側に倒し、バイアス布でくるんでミシン
- バイアス布（表）
- 0.1　0.8
- （裏）

4.袖下を縫う

- 前・袖（裏）
- 後ろ（表）
- ①ミシン
- ②2枚一緒にジグザグミシン
- ③縫い代を後ろ側に倒す

6. 裾を作る

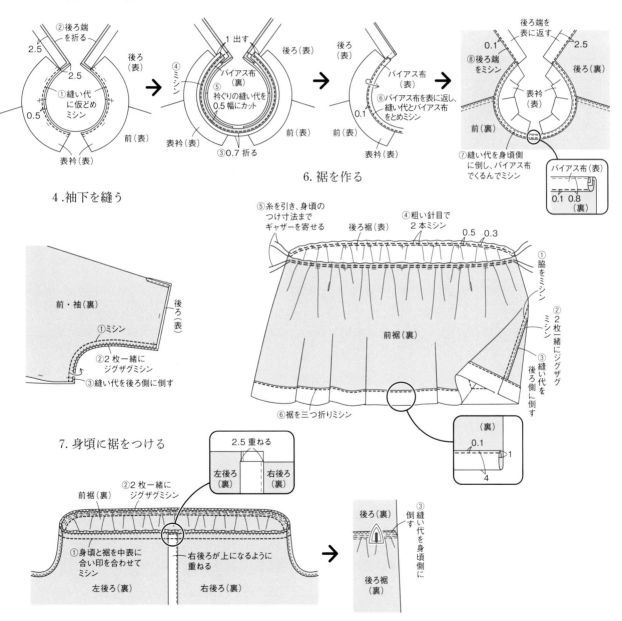

- ⑤糸を引き、身頃のつけ寸法までギャザーを寄せる
- 後ろ裾（表）
- ④粗い針目で2本ミシン
- 0.5　0.3
- ①脇をミシン
- ②2枚一緒にジグザグミシン
- ③縫い代を後ろ側に倒す
- 前裾（裏）
- ⑥裾を三つ折りミシン
- （裏）
- 0.1
- 4
- 1

7. 身頃に裾をつける

- 2.5重ねる
- 左後ろ（裏）
- 右後ろ（裏）
- 前裾（裏）
- ②2枚一緒にジグザグミシン
- ①身頃と裾を中表に合い印を合わせてミシン
- 左後ろ（裏）
- 右後ろ（裏）
- 右後ろが上になるように重ねる
- 後ろ（裏）
- ③縫い代を身頃側に倒す
- 後ろ裾（裏）

J ローウエストワンピース

Photo / P.13、P.14　実物大パターン B 面

IのブラウスとKのスカートをアレンジしてでき上がったワンピース。丈を長くしたり短くしたり、切替え位置を上げたり下げたり、配分を変えると雰囲気がガラリと変わるので、ぜひいろいろアレンジしてみてください。

［材料］※左からS/M/L/2Lサイズ
表布(ソールパーノ　40Sフレンチリネンキャンバス　ボトルグリーン)
…130cm幅 2m80cm /2m90cm /3m70cm /3m80cm
接着芯…10×40cm
山高くるみボタン…直径1cmを15個

［出来上り寸法］※左からS/M/L/2Lサイズ
バスト…107/109.8/112.6/115.4cm
着丈…111/113/115/117cm
袖丈…51/52/53/54cm

［縫い方］ 準備：表カフスに接着芯をはる。

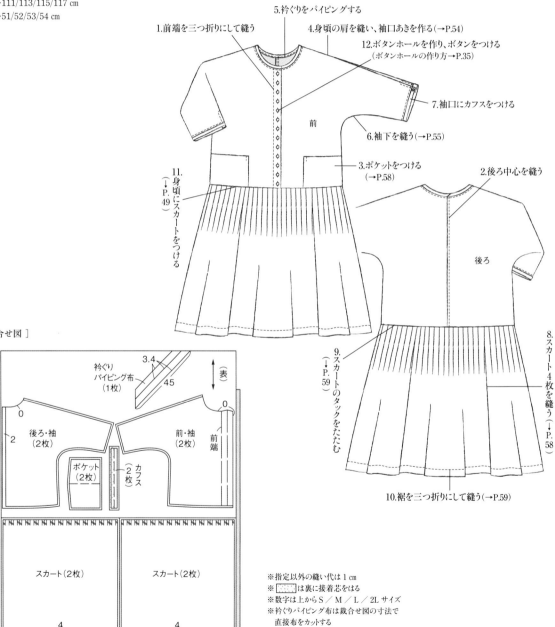

5.衿ぐりをパイピングする
1.前端を三つ折りにして縫う
4.身頃の肩を縫い、袖口あきを作る(→P.54)
12.ボタンホールを作り、ボタンをつける
(ボタンホールの作り方→P.35)
7.袖口にカフスをつける
6.袖下を縫う(→P.55)
前
3.ポケットをつける
(→P.58)
2.後ろ中心を縫う
11.身頃にスカートをつける(→P.49)
後ろ
8.スカート4枚を縫う(→P.58)
9.スカートのタックをたたむ(→P.59)
10.裾を三つ折りにして縫う(→P.59)

［裁合せ図］

衿ぐりパイピング布
(1枚)
3.4
45
(表)
後ろ・袖
(2枚)
0
2
前・袖
(2枚)
0
前端
ポケット
(2枚)
カフス
(2枚)
280
290
370
380
cm
56
スカート(2枚)
4
スカート(2枚)
4
130cm幅
わ

※指定以外の縫い代は1cm
※▦は裏に接着芯をはる
※数字は上からS／M／L／2Lサイズ
※衿ぐりパイピング布は裁合せ図の寸法で
　直接布をカットする

1. 前端を三つ折りにして縫う

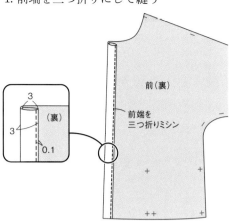

3
3
0.1
(裏)

前(裏)

前端を
三つ折りミシン

2. 後ろ中心を縫う

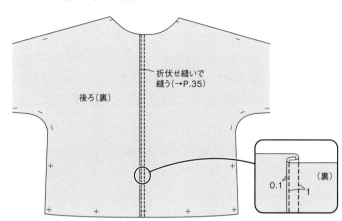

後ろ(裏)

折伏せ縫いで
縫う(→P.35)

0.1
1
(裏)

5. 衿ぐりをパイピングする

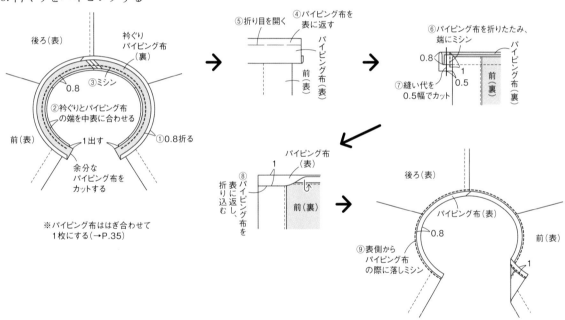

後ろ(表)

衿ぐり
パイピング布
(裏)

③ミシン
0.8

②衿ぐりとパイピング布
の端を中表に合わせる

前(表)

1出す

①0.8折る

余分な
パイピング布を
カットする

※パイピング布ははぎ合わせて
1枚にする(→P.35)

⑤折り目を開く
④パイピング布を
表に返す

パイピング布
(表)

前
(表)

⑥パイピング布を折りたたみ、
端にミシン

0.8
1
0.5

⑦縫い代を
0.5幅でカット

パイピング布
(裏)

前(裏)

①
パイピング布を
表に返し、
折り込む

⑧
パイピング布
(表)

前(裏)

後ろ(表)

パイピング布
(表)

0.8

前(表)

⑨表側から
パイピング布
の際に落しミシン

1

7. 袖口にカフスをつける

57

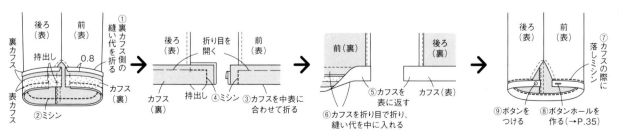

裏カフス

持出し

表カフス

後ろ
(表)

前
(表)

0.8

①裏カフス側の
縫い代を折る

②ミシン

カフス
(裏)

後ろ
(表)

折り目を
開く

前
(表)

カフス
(裏)

持出し

④ミシン

③カフスを中表に
合わせて折る

前(裏)

後ろ
(裏)

カフス(表)

⑤カフスを
表に返す

⑥カフスを折り目で折り、
縫い代を中に入れる

後ろ
(表)

前
(表)

⑦カフスの際に
落しミシン

⑨ボタンを
つける

⑧ボタンホールを
作る(→P.35)

K ティアードスカート

Photo / P.10 　実物大パターン B 面

デニムのようなインディゴ染めリネンを使った、裾幅たっぷりのティアードスカート。スカート部分は4枚はぎになっていて、小さなタックをたくさん入れました。冬は薄手のコーデュロイで作ってみても、きっとかわいいはず。

[材料] ※左から S/M/L/2L サイズ
表布(Pres-de　40/1 ワイド幅フレンチリネン生地
先染め糸を使用したインディゴ染め　無地)
…146 cm幅 1m90 cm /1m90 cm /2m/2m
ゴムテープ…3.5 cm幅を適量

[出来上り寸法] ※左から S/M/L/2L サイズ
スカート丈…79/80.5/82/83.5 cm

[縫い方]

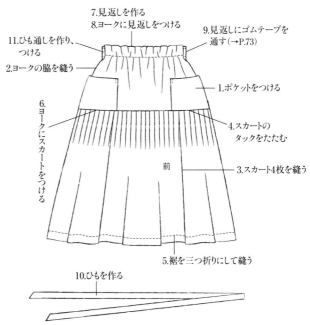

7.見返しを作る
8.ヨークに見返しをつける
9.見返しにゴムテープを通す(→P.73)
11.ひも通しを作り、つける
2.ヨークの脇を縫う
1.ポケットをつける
6.ヨークにスカートをつける
4.スカートのタックをたたむ
前
3.スカート4枚を縫う
5.裾を三つ折りにして縫う
10.ひもを作る

[裁合せ図]

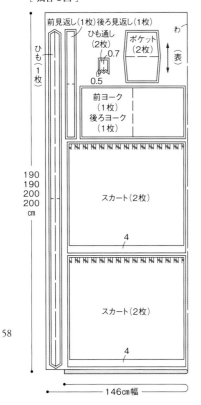

前見返し(1枚)　後ろ見返し(1枚)
わ
ひも通し(2枚)
ポケット(2枚)
(表)
0.7
0.5
ひも(1枚)
前ヨーク(1枚)
後ろヨーク(1枚)
190 190 200 200 cm
スカート(2枚)
4
スカート(2枚)
4
146cm幅

※指定以外の縫い代は 1 cm
※数字は上から S ／ M ／ L ／ 2L サイズ

58

1. ポケットをつける

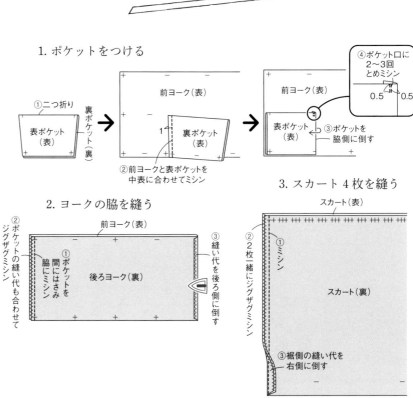

①二つ折り
表ポケット(表)
裏ポケット(裏)
前ヨーク(表)
裏ポケット(表)
②前ヨークと表ポケットを中表に合わせてミシン
前ヨーク(表)
表ポケット(表)
③ポケットを脇側に倒す
④ポケット口に2〜3回とめミシン
0.5　0.5

2. ヨークの脇を縫う

前ヨーク(表)
後ろヨーク(裏)
②ジグザグミシン
①ポケットの縫い代を脇に合わせて
①ポケットを間にはさみミシン
③縫い代を後ろ側に倒す

3. スカート 4枚を縫う

スカート(表)
②ジグザグミシン
①ミシン
②2枚一緒にジグザグミシン
スカート(裏)
③裾側の縫い代を右側に倒す

※同様にして4枚を縫い合わせる

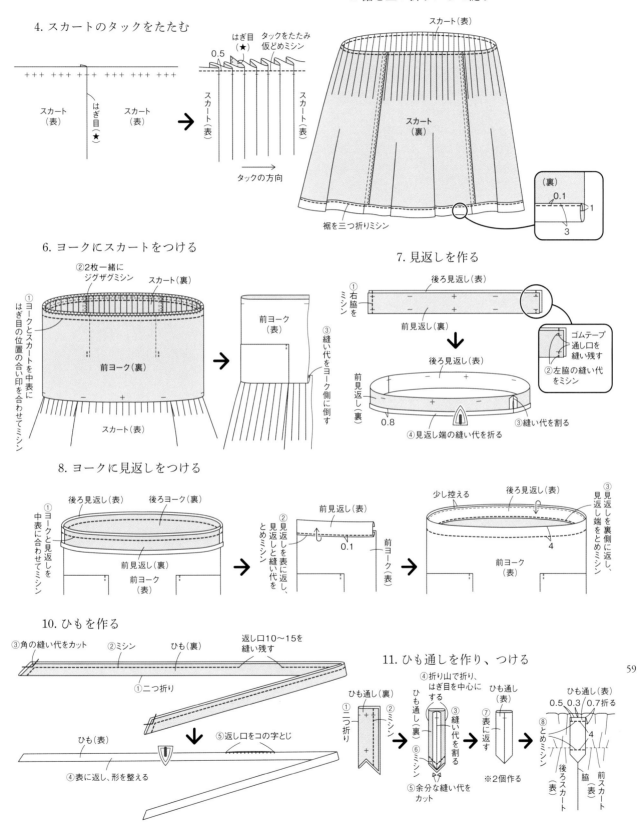

4. スカートのタックをたたむ

はぎ目（★）　タックをたたみ仮どめミシン
0.5
スカート（表）　はぎ目（★）　スカート（表）
スカート（表）　スカート（表）
タックの方向

5. 裾を三つ折りにして縫う

スカート（表）
スカート（裏）
裾を三つ折りミシン
（裏）
0.1
1
3

6. ヨークにスカートをつける

①ヨークとスカートをはぎ目の位置の合い印を合わせてミシン
②2枚一緒にジグザグミシン
スカート（裏）
前ヨーク（裏）
スカート（表）
前ヨーク（表）
③縫い代をヨーク側に倒す

7. 見返しを作る

①右脇をミシン
後ろ見返し（表）
前見返し（裏）
ゴムテープ通し口を縫い残す
②左脇の縫い代をミシン
後ろ見返し（表）
前見返し（裏）
0.8
④見返し端の縫い代を折る
③縫い代を割る

8. ヨークに見返しをつける

①ヨークと見返しを中表に合わせてミシン
後ろ見返し（表）　後ろヨーク（裏）
前見返し（裏）
前ヨーク（表）
②見返しを表に返し、見返しと縫い代をとめミシン
前見返し（表）
0.1
前ヨーク（表）
少し控える　後ろ見返し（表）
③見返しを裏側に返し、見返し端をとめミシン
4
前ヨーク（表）

10. ひもを作る

③角の縫い代をカット　②ミシン　ひも（裏）　返し口10〜15を縫い残す
①二つ折り
ひも（表）
⑤返し口をコの字とじ
④表に返し、形を整える

11. ひも通しを作り、つける

①二つ折り　②ミシン
ひも通し（裏）
④折り山で折り、はぎ目を中心にする
ひも通し（裏）　③縫い代を割る
⑥ミシン　4
⑤余分な縫い代をカット
※2個作る
⑦表に返す
ひも通し（表）
ひも通し（表）
0.5 0.3 0.7折る
4
⑧とめミシン
後ろスカート（表）　脇　前スカート（表）

59

L ダブルボタンのノーカラーコート

Photo / P.18　実物大パターン C 面

あたたかみのある、ふわふわとやわらかなニードル起毛のリネンで作ったコート。ダブルのボタン使いでレトロな雰囲気に仕上げました。ゆったり&すとんとしたシルエット。厚みのあるコットンで春先のコートとして作ってみても。

［材料］※左からS/M/L/2Lサイズ
表布(marunaka textile　綿リネンツイルニードル起毛　杢グレー)
…158cm幅 2m20cm /2m30cm /2m30cm /2m40cm
別布(スレキ)
…90cm幅 30cm /30cm /30cm /30cm
接着芯…90cm幅 1m10cm /1m10cm /1m10cm /1m20cm
接着テープ…1.5cm幅を40cm
縁どりバイアステープ(黒)…0.8cm幅を適宜
くるみボタン…直径1.6cmを8個
裏ボタン…直径1.3cmを1個

［出来上り寸法］※左からS/M/L/2Lサイズ
バスト…123.6/126.6/129.6/132.6cm
着丈…98/100/102/104cm
袖丈…36/37/38/39cm

［縫い方］ 準備：前見返し、後ろ見返し、玉縁布、前身頃の玉縁布のポケット口に接着芯をはる。

［裁合せ図］

158cm幅
わ
（表）
前見返し（2枚）
ポケット口
前（2枚）
1
1
5

220
230
230
240
cm

（裏）
0.1
1
4

6.見返しをつけて、前端、衿ぐりを縫う
5.見返しを作る（→P.50）
4.身頃の肩を縫う（→P.50）
11.身頃に袖をつける（→P.39）
12.ボタンホールを作り、ボタンをつける（ボタンホールの作り方→P.35）
1.ポケットを作る
10.袖口を三つ折りにして縫う
9.袖下を縫う（→P.41）
2.脇ポケットを作る
前

3.後ろ中心を縫う
7.脇を縫う
後ろ
8.裾を三つ折りにして縫う

布を切ってたたみ直す
後ろ見返し（1枚）
玉縁布（4枚）
1.5
0.8
0.8
0.8
1.5
0.8
0
袋布B（2枚）
0.8
0
後ろ（2枚）
（表）
1.5
右袖（1枚）
5
脇袋布B（2枚）
0.5
左袖（1枚）
5
5
0.5

〈別布〉
30
30
30
30
cm
わ
袋布A（2枚）
0.8
0
（表）
脇袋布A（2枚）
0.5
0
90cm幅

158cm幅

※指定以外の縫い代は1cm
※　　　は裏に接着芯をはる
※数字は上からS／M／L／2Lサイズ
※前身頃・後ろ身頃のパターンは◎で突き合わせて写す

1. ポケットを作る

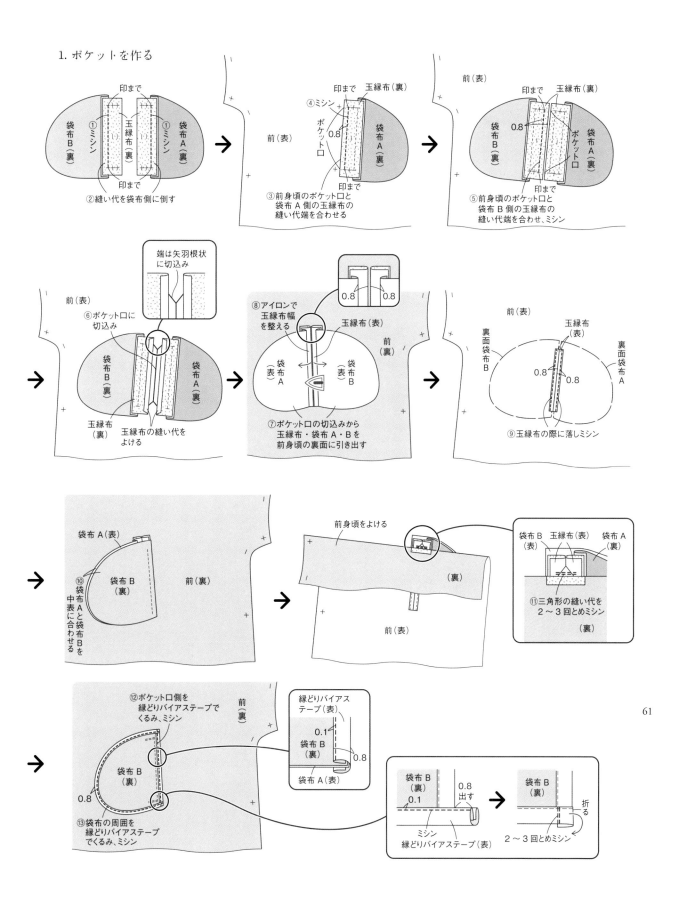

2. 脇ポケットを作る

①〜⑤の作り方→P.45 − 5 − ①〜⑤
⑧⑨の作り方→P.45 − 5 − ⑥⑦

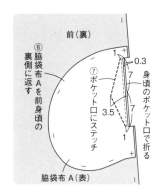

前(裏)

⑥脇袋布Aを裏側に返す
⑦ポケット口にステッチ
⑥脇袋布Aを前身頃のポケット口で折る
身頃のポケット口

0.3
3.5
7
7
1
1
1

脇袋布A(表)

3. 後ろ中心を縫う

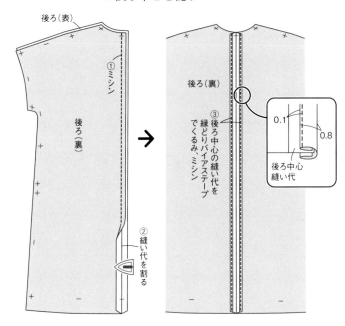

後ろ(表)
①ミシン
後ろ(裏)

後ろ(裏)
③後ろ中心の縫い代を縁どりバイアステープでくるみ、ミシン

②縫い代を割る

0.1
0.8
後ろ中心縫い代

6. 見返しをつけて、前端、衿ぐりを縫う

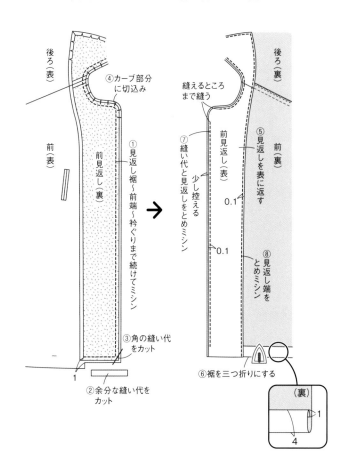

後ろ(表)
前(表)
前見返し(裏)
④カーブ部分に切込み
①見返し裾〜前端〜衿ぐりまで続けてミシン
③角の縫い代をカット
②余分な縫い代をカット
1

後ろ(裏)
縫えるところまで縫う
前見返し(表)
前(裏)
⑤見返しを表に返す
⑦縫い代と見返しをとめミシン
少し控える
0.1
0.1
⑧見返し端をとめミシン
⑥裾を三つ折りにする

(裏)
1
4

7. 脇を縫う

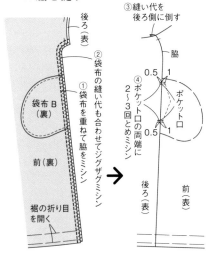

後ろ(表)
袋布B(裏)
前(裏)
②袋布の縫い代も合わせて脇をジグザグミシン
①袋布を重ねて脇をミシン
裾の折り目を開く

③縫い代を後ろ側に倒す
脇
0.5 1
④ポケット口の両端に2〜3回とめミシン
ポケット口
0.5 1
後ろ(表)
前(表)

12. ボタンホールを作り、ボタンをつける
（ボタンホールの作り方→P.35）

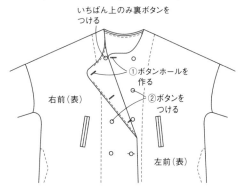

いちばん上のみ裏ボタンをつける
①ボタンホールを作る
②ボタンをつける
右前(表)
左前(表)

M ノーカラータックジャケット

Photo / P.20、P.21　| 実物大パターン D 面 |

25番手のほどよい厚みのリネンで作った、大きめのタックが印象的なジャケット。肩からのびるタックにより、ウェストあたりからふわっとした上品なシルエットが生まれます。フロントは比翼仕様。生成りのボタンを首もとのポイントにしてみました。

［材料］※左からS/M/L/2Lサイズ
表布(生地の森　洗いこまれたベルギーリネン25番手
ナチュラルダイド　ブラック)
…110cm幅 2m10cm /2m20cm /2m20cm /2m30cm
別布(コットン　黒)
…10×40cm /40cm /40cm /40cm
接着芯…90cm幅60cm
くるみボタン…直径1.3cmを1個
ボタン…直径1.15cmを4個

［出来上り寸法］※左からS/M/L/2Lサイズ
バスト…109/112/115/118cm
着丈…62/63/64/65cm
袖丈…34/35/36/37cm

［縫い方］　準備：前見返し、前衿ぐり見返し、後ろ衿ぐり見返しに接着芯をはる。

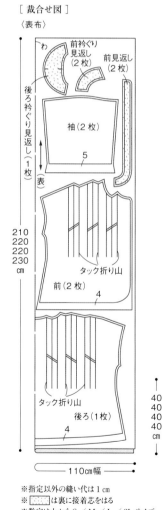

［裁合せ図］
〈表布〉
わ
前衿ぐり見返し(2枚)
前見返し(2枚)
後ろ衿ぐり見返し(1枚)
表
袖(2枚)
5
210 220 220 230 cm
タック折り山
前(2枚)
4
タック折り山
後ろ(1枚)
4
110cm幅

〈別布〉
(表)
比翼布(1枚)
40 40 40 40 cm
10 cm

※指定以外の縫い代は1cm
※〔灰色〕は裏に接着芯をはる
※数字は上からS／M／L／2Lサイズ

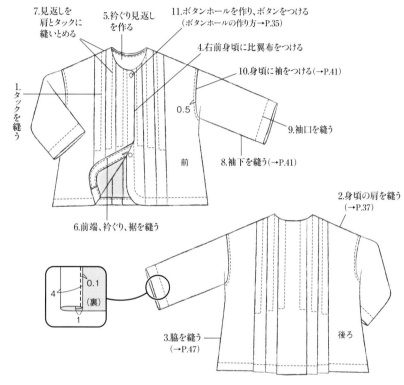

7.見返しを肩とタックに縫いとめる
5.衿ぐり見返しを作る
11.ボタンホールを作り、ボタンをつける（ボタンホールの作り方→P.35）
4.右前身頃に比翼布をつける
10.身頃に袖をつける（→P.41）
1.タックを縫う
0.5
9.袖口を縫う
8.袖下を縫う（→P.41）
前
6.前端、衿ぐり、裾を縫う

0.1
4
(裏)
1

2.身頃の肩を縫う（→P.37）
3.脇を縫う（→P.47）
後ろ

1. タックを縫う

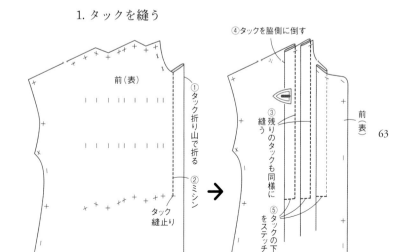

前(表)
①タック折り山で折る
②ミシン
タック縫止り
④タックを脇側に倒す
③残りのタックも同様に縫う
⑤タックの下端をステッチ
前(表)

※後ろ身頃も同様にタックを縫う

4. 右前身頃に比翼布をつける

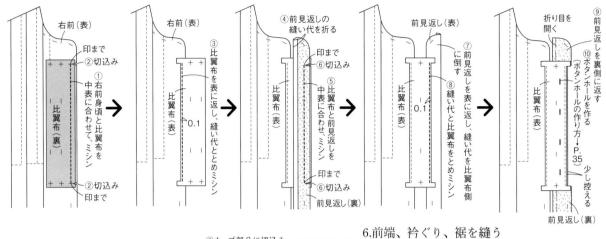

右前(表)
印まで
②切込み
①右前身頃と比翼布を中表に合わせて、ミシン
比翼布(裏)
②切込み
印まで

右前(表)
比翼布(裏)
0.1
②比翼布を表に返し、縫い代ととめミシン

④前見返しの縫い代を折る
③比翼布を表に返し、縫い代ととめミシン
右前(表)
印まで
⑥切込み
⑤比翼布と前見返しを中表に合わせ、ミシン
比翼布(表)
⑥切込み
前見返し(裏)

前見返し(表)
⑦前見返しを⑦に倒す
比翼布(表)
0.1
⑧縫い代と比翼布をとめミシン

折り目を開く
比翼布(表)
⑨前見返しを裏側に返す
⑩ボタンホールを作る(ボタンホールの作り方→P.35)
少し控える
前見返し(裏)

5. 衿ぐり見返しを作る

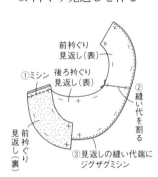

前衿ぐり見返し(表)
①ミシン
後ろ衿ぐり見返し(表)
②縫い代を割る
前衿ぐり見返し(裏)
③見返しの縫い代端にジグザグミシン

6. 前端、衿ぐり、裾を縫う

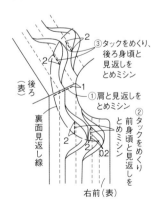

⑦カーブ部分に切込み
前衿ぐり見返し(裏)
前衿ぐり見返しを前見返しの上に重ねる
右前(表)
④右前端～衿ぐり～左前端までミシン
①比翼布を中表に二つ折りにし、前見返しと前身頃を中表に合わせる
比翼布(裏)
前見返し(裏)
③カーブ部分に切込みを入れ、折り目で折る
②縫い代を折る
⑤右前端の下側をミシン
⑦カーブ部分に切込み
1

前衿ぐり見返し(裏)
後ろ(裏)
④
左前(表)
前見返し(裏)
③カーブ部分に切込みを入れ、縫い代を折る
②
1
⑥余分な縫い代をカット

糸ループの作り方

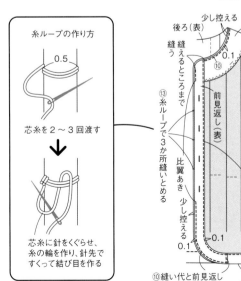

0.5
芯糸を2～3回渡す
芯糸に針をくぐらせ、糸の輪を作り、針先ですくって結び目を作る

後ろ(表)
少し控える
⑧表に返す
縫う
縫えるところまで
0.1
⑩
右前(裏)
前見返し(表)
⑬糸ループで3か所縫いとめる
比翼あき 少し控える
⑪比翼布も一緒に前見返し～裾まで続けてミシン
0.1
⑩縫い代と前見返しをとめミシン
1
3
⑨裾を三つ折りにする

⑩
⑧
左前(裏)
前見返し(表)
少し控える
0.1
⑪ミシン
0.1
⑩

7. 見返しを肩とタックに縫いとめる

後ろ(表)
③タックをめくり、後ろ身頃と見返しをとめミシン
2
①肩と見返しをとめミシン
②タックをめくり前身頃と見返しをとめミシン
裏面見返し線
2
0.2
右前(表)

N
ノーカラータックコート

Photo / P.31　実物大パターンD面

Mのジャケットをコートにアレンジしてみました。ゆとりのある身幅と長めの丈で安心のシルエット。端切れで作ったくるみボタンがさりげなく、アクセントとなって、他にはない愛着の湧く洋服が生まれました。

［材料］※左からS/M/L/2Lサイズ
表布（DARUMA FABRIC　Soil　Oudo　リネンキャンバス）
…112cm幅 4m70cm /4m70cm /4m80cm /4m90cm
接着芯…90cm幅 1m20cm
接着テープ…1.5cm幅を40cm
くるみボタン…直径1.5cmを9個

［出来上り寸法］※左からS/M/L/2Lサイズ
バスト…109/112/115/118cm
着丈…108.5/110.5/112.5/114.5cm
袖丈…40/41/42/43cm

［縫い方］準備：前見返し、前衿ぐり見返し、後ろ衿ぐり見返しに接着芯をはる。

［裁合せ図］

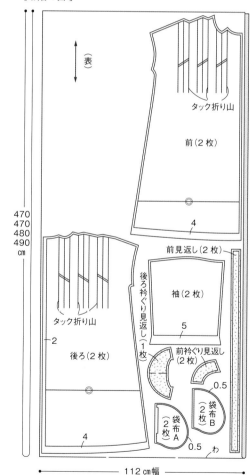

470
470
480
490
cm

112cm幅

※指定以外の縫い代は1cm
※□□□は裏に接着芯をはる
※数字は上からS／M／L／2Lサイズ
※前身頃・後ろ身頃のパターンは◎で突き合わせて写す

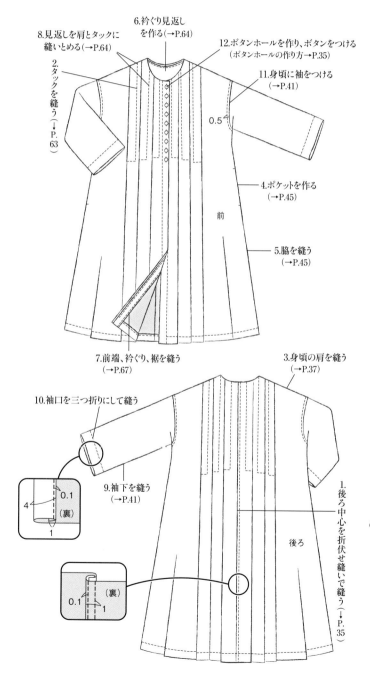

65

O Vネックのタックワンピース

Photo / P.22　実物大パターン D 面

M のジャケットをワンピースにアレンジしてみました。首もとがきれいに見える V ネックにして、袖はふわっと愛らしいギャザースリーブに。シックな色目の水玉模様に沈まないように、白い貝ボタンをあしらいました。

[材料] ※左から S/M/L/2L サイズ
表布 (生地の森　リネンアンテイークドットプリント　グレー)
…104 cm 幅 4m30 cm /4m40 cm /4m40 cm /4m40 cm
接着芯…90 cm 幅 1m20 cm
接着テープ…1.5 cm 幅を 40 cm
ボタン…直径 1.3 cm を 11 個

[出来上り寸法] ※左から S/M/L/2L サイズ
バスト…108.5/111.5/114.5/117.5 cm
着丈…112.5/114.5/116.5/118.5 cm
袖丈…24.7/25/25.3/25.6 cm

[縫い方]　準備：前見返し、前衿ぐり見返し、後ろ衿ぐり見返し、表カフスに接着芯をはる。

[裁合せ図]

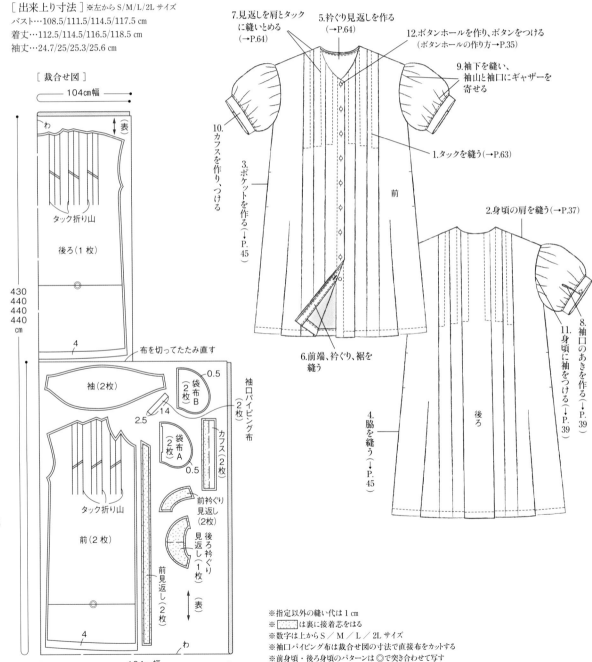

※指定以外の縫い代は 1 cm
※ [　] は裏に接着芯をはる
※数字は上から S ／ M ／ L ／ 2L サイズ
※袖口パイピング布は裁合せ図の寸法で直接布をカットする
※前身頃・後ろ身頃のパターンは ◎ で突き合わせて写す

66

6. 前端、衿ぐり、裾を縫う

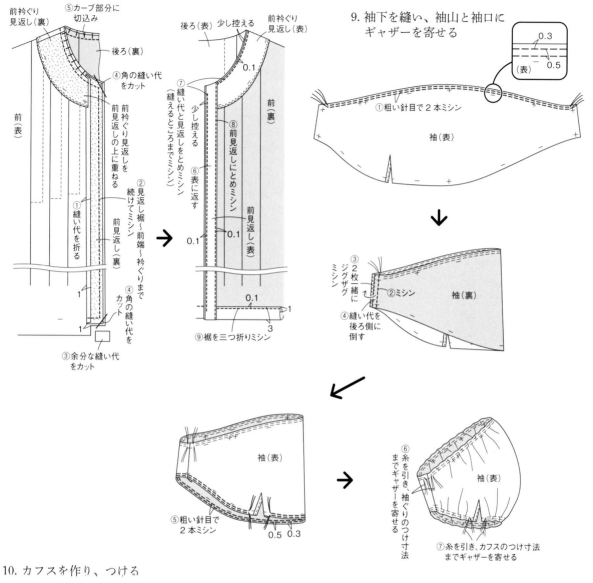

前衿ぐり見返し(裏)
⑤カーブ部分に切込み
後ろ(裏)
④角の縫い代をカット
前衿ぐり見返しを前見返しの上に重ねる
前(表)
①縫い代を折る
前見返し(裏)
②見返し裾～前端～衿ぐりまで続けてミシン
④角の縫い代をカット
1
1
1
③余分な縫い代をカット

後ろ(表)
少し控える
前衿ぐり見返し(表)
0.1
⑦縫い代と見返しをとめミシン(縫えるところまでミシン)
少し控える
⑥表に返す
⑧前見返しにとめミシン
前(裏)
0.1
前見返し(表)
0.1
0.1
0.1
1
3
⑨裾を三つ折りミシン

9. 袖下を縫い、袖山と袖口に ギャザーを寄せる

0.3
0.5
(表)
①粗い針目で2本ミシン
袖(表)
③2枚一緒にジグザグミシン
②ミシン
袖(裏)
④縫い代を後ろ側に倒す
袖(表)
⑤粗い針目で2本ミシン
0.5 0.3
⑥糸を引き、袖ぐりのつけ寸法までギャザーを寄せる
袖(表)
⑦糸を引き、カフスのつけ寸法までギャザーを寄せる

10. カフスを作り、つける

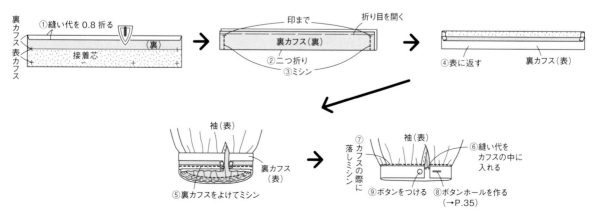

裏カフス
表カフス
①縫い代を0.8折る
(裏)
接着芯
印まで
折り目を開く
裏カフス(裏)
②二つ折り
③ミシン
④表に返す
裏カフス(表)
袖(表)
裏カフス(表)
⑤裏カフスをよけてミシン
⑦カフスの際に落しミシン
袖(表)
⑥縫い代をカフスの中に入れる
⑨ボタンをつける
⑧ボタンホールを作る(→P.35)

67

P ツートンスカート

Photo / P.21、P.29　実物大パターンC面

黒とベージュのリネンで作ったスカート。2色づかいにするだけで、特別な一着ができ上がりました。後ろにはゴムテープが入っているので、とても履きやすいです。Mのジャケットと同素材にしてセットアップにするのもおすすめです。

[材料]　※左からS/M/L/2Lサイズ
表布(生地の森　洗いこまれたベルギーリネン25番手　キナリ)
…110cm幅 1m90cm /2m/2m/2m10cm
別布(リネン　黒)
…70×1m20cm /1m20cm /1m20cm /1m20cm
接着芯…50×50cm
接着テープ…1.5cm幅を20cm
くるみボタン…直径1.5cmを2個
裏ボタン…直径1.3cmを1個
ゴムテープ…3cm幅 34cm /38cm /42cm /46cm

[出来上り寸法]　※左からS/M/L/2Lサイズ
ウエスト…66.5/72/77.5/83 cm
スカート丈…75.5/77/78.5/80 cm

[縫い方]　準備：表右前ベルト、裏右前ベルト、表左前ベルト、裏左前ベルト、
表後ろベルトに接着芯をはる。

[裁合せ図]

〈表布〉

※ ▨ は裏に接着芯をはる
※数字は上からS／M／L／2Lサイズ
※表布のLサイズ、2Lサイズは115cm幅以上の布を使用する
※右前スカートのパターンは◎で突き合わせて写す

1. ポケットを作る

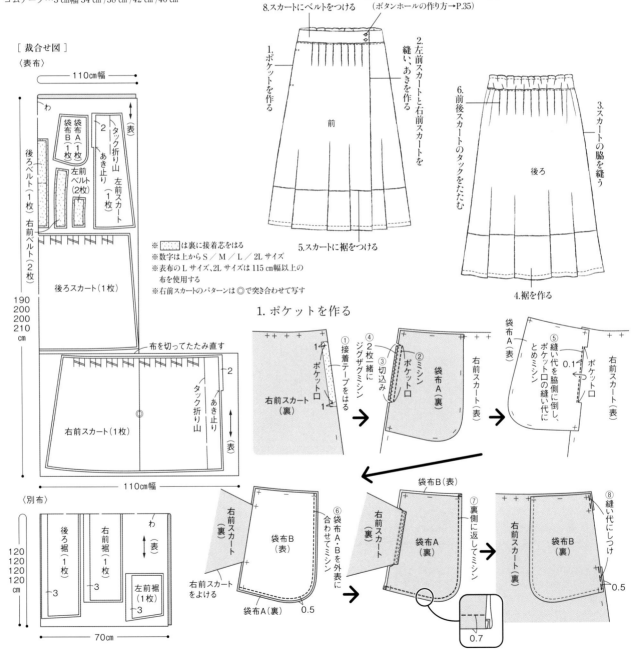

68

2. 左前スカートと右前スカートを縫い、あきを作る

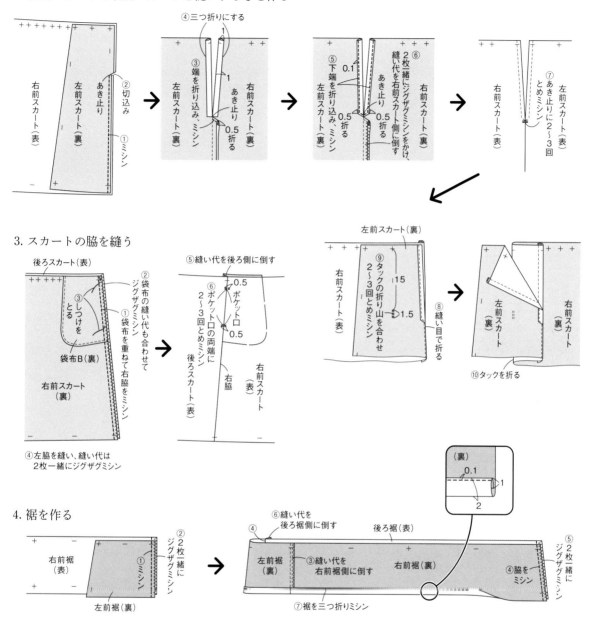

3. スカートの脇を縫う

4. 裾を作る

5. スカートに裾をつける

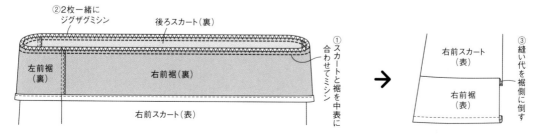

6. 前後スカートのタックをたたむ

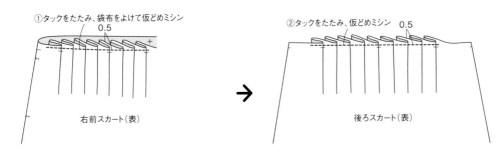

①タックをたたみ、袋布をよけて仮どめミシン
0.5

右前スカート（表）

②タックをたたみ、仮どめミシン　0.5

後ろスカート（表）

7. ベルトを作る

①上側をミシン
表右前ベルト（表）
裏右前ベルト（裏）

裏右前ベルト（表）
0.1
表右前ベルト（表）
②裏ベルトを表に返し、縫い代と裏ベルトをとめミシン

※左前ベルトも同様に縫う

後ろベルト（表）
③ミシン
表左前ベルト
裏左前ベルト
（裏）
表後ろベルト
裏後ろベルト
④縫い代を割る
表右前ベルト
裏右前ベルト

8. スカートにベルトをつける

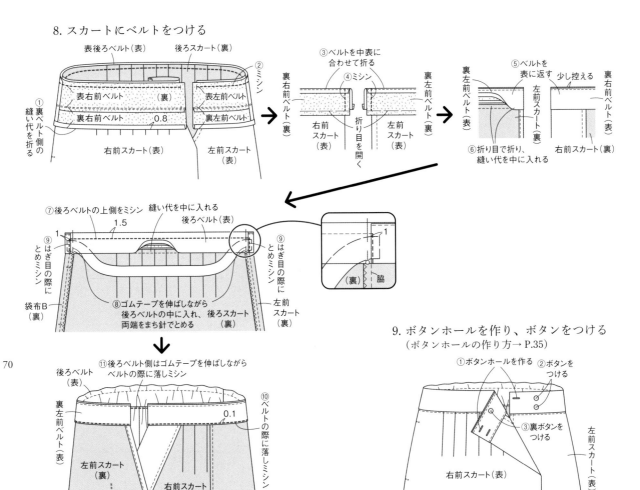

表後ろベルト（表）　後ろスカート（裏）
②ミシン
①裏ベルト側の縫い代を折る
表右前ベルト（裏）
裏右前ベルト
0.8
表左前ベルト
裏左前ベルト
右前スカート（表）
左前スカート（表）

③ベルトを中表に合わせて折る
④ミシン
裏右前ベルト（裏）
裏左前ベルト（裏）
右前スカート（表）
折り目を開く
左前スカート（表）

⑤ベルトを表に返す
裏左前ベルト（表）
左前スカート（裏）
少し控える
裏右前ベルト（表）
右前スカート（裏）
⑥折り目で折り、縫い代を中に入れる

⑦後ろベルトの上側をミシン　縫い代を中に入れる
1.5
1
後ろベルト（表）
1
⑨はぎ目の際にとめミシン
⑨はぎ目の際にとめミシン
（裏）　脇
袋布B（裏）
左前スカート（裏）
⑧ゴムテープを伸ばしながら後ろベルトの中に入れ、後ろスカート両端をまち針でとめる

⑪後ろベルト側はゴムテープを伸ばしながらベルトの際に落しミシン
後ろベルト（表）
裏左前ベルト（表）
0.1
⑩ベルトの際に落しミシン
左前スカート（裏）
右前スカート（裏）

70

9. ボタンホールを作り、ボタンをつける
（ボタンホールの作り方→ P.35）

①ボタンホールを作る
②ボタンをつける
③裏ボタンをつける
左前スカート（表）
右前スカート（表）

Q, R 四角いポケットのパンツ

Photo / P.08、P.26、P.30、P.31 　実物大パターン D 面

パッチポケットの形がかわいい、ゆったりめのパンツ。カジュアルすぎないリネンの
ヒッコリーとリバティプリントの中さは昔から人好きなヴァイブ柄で作ってみました。
無地のコットンや厚手のリネン、いろいろ試したくなるパンツです。

[Qの材料]※左から S / M / L / 2L サイズ
表布(生地の森　ワイド幅　先染めリネンデニムヒッコリーストライプ　ブラック)
…142 cm幅 1m70 cm /1m70 cm /1m80 cm /1m80 cm
別布(スレキ)
…50×30 cm /30 cm /30 cm /30 cm
接着芯…40×60 cm
ゴムテープ…2.5 cm幅を適量

[Rの材料]※左から S / M / L / 2L サイズ
表布(LIBERTY FABRICS　チャイブ タナローン)
…108 cm幅 2m20 cm /2m20 cm /2m20 cm /2m30 cm
別布(コットン　パープル)
…10×80 cm /80 cm /80 cm /90 cm
接着芯…40×60 cm
ゴムテープ…2.5 cm幅を適量

[出来上り寸法]※左から S / M / L / 2L サイズ
ヒップ…109/112/115/118 cm
パンツ丈…92.5/94/95.5/97 cm

[縫い方]　準備:表ポケット、表前ベルト、表後ろベルトに接着芯をはる。

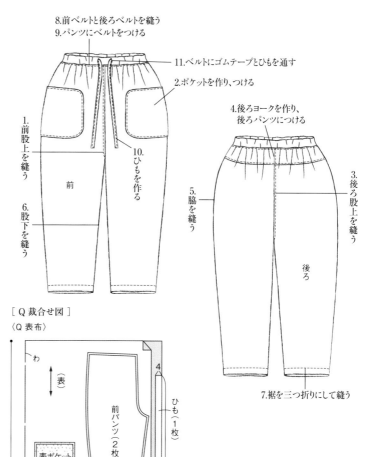

8.前ベルトと後ろベルトを縫う
9.パンツにベルトをつける
11.ベルトにゴムテープとひもを通す
2.ポケットを作り、つける
1.前股上を縫う
10.ひもを作る
6.股下を縫う
前
4.後ろヨークを作り、後ろパンツにつける
5.脇を縫う
3.後ろ股上を縫う
後ろ
7.裾を三つ折りにして縫う

※指定以外の縫い代は1cm
※ □ は裏に接着芯をはる
※数字は上から S ／ M ／ L ／ 2L サイズ
※ひもは裁合せ図の寸法で直接布をカットする

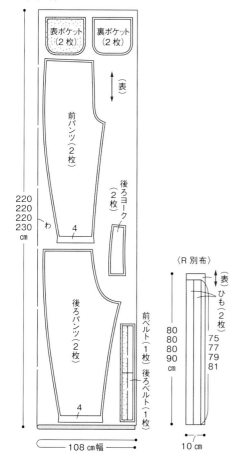

[R 裁合せ図]
〈R 表布〉
表ポケット(2枚)　裏ポケット(2枚)
(表)
前パンツ(2枚)
後ろヨーク(2枚)
220 220 220 230 cm
わ　4
後ろパンツ(2枚)
前ベルト(1枚)
後ろベルト(1枚)
4
108 cm幅

〈R 別布〉
(表)
ひも(2枚)
80 80 80 90 cm
75 77 79 81
10 cm

[Q 裁合せ図]
〈Q 表布〉
わ
(表)
前パンツ(2枚)
4
ひも(1枚)
表ポケット(2枚)
170 170 180 180 cm
148 152 156 160
後ろパンツ(2枚)
後ろヨーク(2枚)
4
前ベルト(1枚)
後ろベルト(1枚)
4
142 cm幅

〈Q 別布〉
わ　(表)
裏ポケット(2枚)
30 30 30 30 30 cm
50 cm

71

1. 前股上を縫う

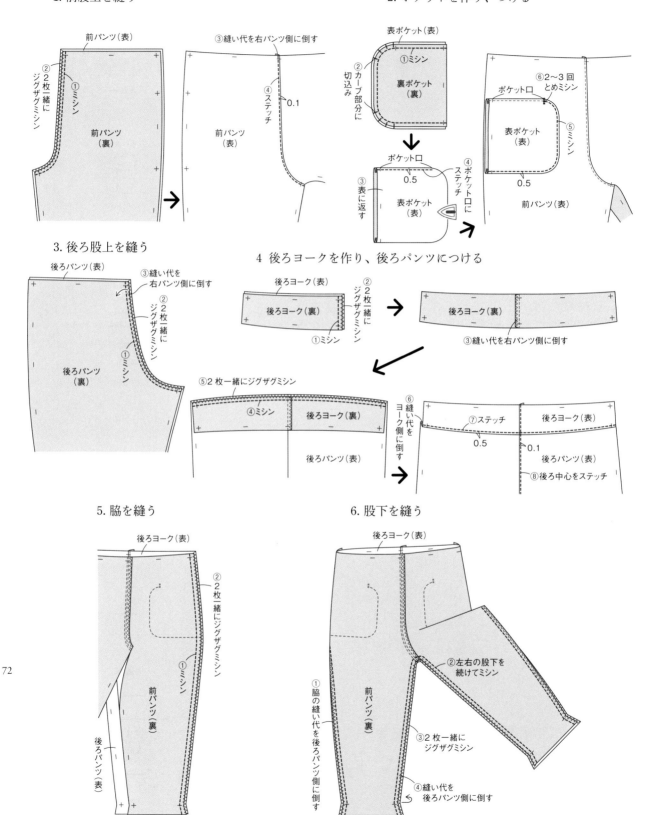

前パンツ（表）

②2枚一緒にジグザグミシン

①ミシン

前パンツ（裏）

③縫い代を右パンツ側に倒す

④ステッチ　0.1

前パンツ（表）

2. ポケットを作り、つける

表ポケット（表）

①ミシン

②カーブ部分に切込み

裏ポケット（裏）

ポケット口　0.5

③表に返す

④ポケット口にステッチ

表ポケット（表）

ポケット口

⑥2〜3回とめミシン

表ポケット（表）

⑤ミシン

0.5

前パンツ（表）

3. 後ろ股上を縫う

後ろパンツ（表）

③縫い代を右パンツ側に倒す

②2枚一緒にジグザグミシン

①ミシン

後ろパンツ（裏）

4　後ろヨークを作り、後ろパンツにつける

後ろヨーク（表）

②2枚一緒にジグザグミシン

後ろヨーク（裏）

①ミシン

後ろヨーク（裏）

③縫い代を右パンツ側に倒す

⑤2枚一緒にジグザグミシン

④ミシン　後ろヨーク（裏）

後ろパンツ（表）

⑥縫い代をヨーク側に倒す

⑦ステッチ　0.5

後ろヨーク（表）

0.1

後ろパンツ（表）

⑧後ろ中心をステッチ

5. 脇を縫う

後ろヨーク（表）

②2枚一緒にジグザグミシン

①ミシン

前パンツ（裏）

後ろパンツ（表）

6. 股下を縫う

後ろヨーク（表）

①脇の縫い代を後ろパンツ側に倒す

前パンツ（裏）

②左右の股下を続けてミシン

③2枚一緒にジグザグミシン

④縫い代を後ろパンツ側に倒す

7. 裾を三つ折りにして縫う

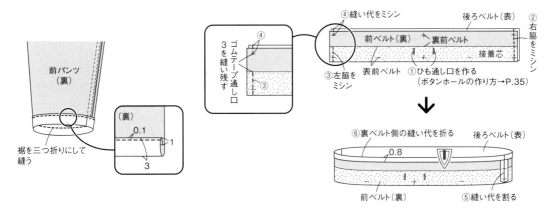

前パンツ（裏）

裾を三つ折りにして縫う

（裏）
0.1
1
3

8. 前ベルトと後ろベルトを縫う

④縫い代をミシン

後ろベルト（表）

②右脇をミシン

前ベルト（裏）　裏前ベルト

接着芯

表前ベルト

③左脇をミシン

①ひも通し口を作る
（ボタンホールの作り方→P.35）

④
ゴムテープ通し口3を縫い残す
③

⑥裏ベルト側の縫い代を折る

後ろベルト（表）

0.8

前ベルト（裏）

⑤縫い代を割る

9. パンツにベルトをつける

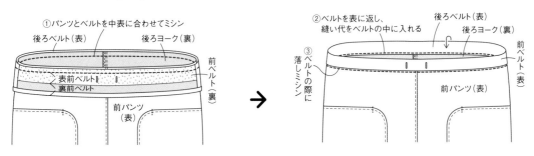

①パンツとベルトを中表に合わせてミシン

後ろベルト（表）　　後ろヨーク（裏）

前ベルト（裏）

表前ベルト
裏前ベルト

前パンツ（表）

②ベルトを表に返し、縫い代をベルトの中に入れる

後ろベルト（表）
後ろヨーク（裏）

前ベルト（表）

③ベルトの際に落しミシン

前パンツ（表）

10. ひもを作る

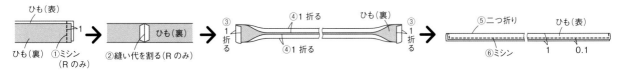

ひも（表）

ひも（裏）

①ミシン（Rのみ）

②縫い代を割る（Rのみ）

ひも（裏）

③1折る
④1折る
④1折る
ひも（裏）
③1折る

⑤二つ折り
ひも（表）

⑥ミシン

1　0.1

※Rのひもは中心で縫い合わせる

11. ベルトにゴムテープとひもを通す

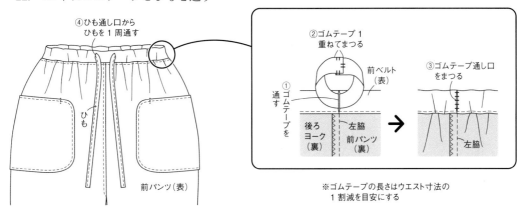

④ひも通し口からひもを1周通す

ひも

前パンツ（表）

②ゴムテープ1重ねてまつる

前ベルト（表）

①ゴムテープを通す

③ゴムテープ通し口をまつる

後ろヨーク（裏）　左脇　前パンツ（裏）

左脇

※ゴムテープの長さはウエスト寸法の1割減を目安にする

S スクエアカラーのチュニック

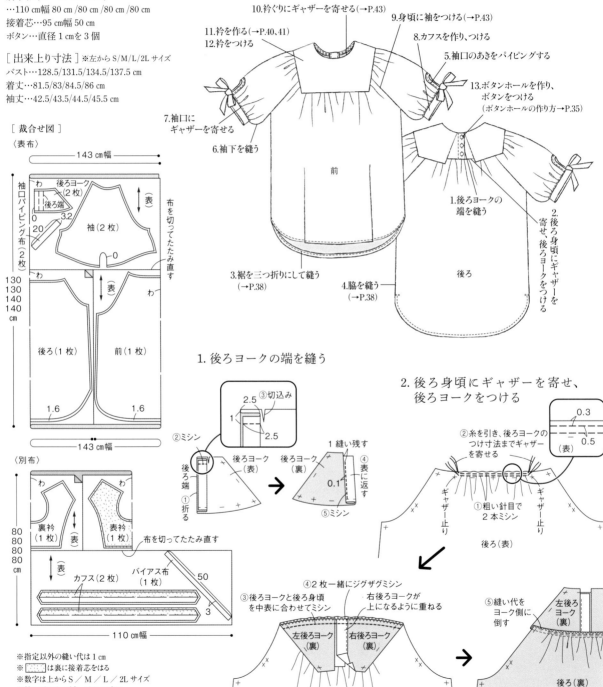

Photo / P.28　実物大パターンA面

アンティークのグレインサックを思わせるストライプ模様でセーラーカラーのブラウスを作りました。衿とカフスはオフホワイトのリネンで。長めのチュニック丈なので、パンツとよく合います。

［材料］※左からS/M/L/2Lサイズ
表布(marunaka textile　リネンストライプ太いタイプ)
…143cm幅 1m30cm /1m30cm /1m40cm /1m40cm
別布(リネン　オフホワイト)
…110cm幅 80cm /80cm /80cm /80cm
接着芯…95cm幅 50cm
ボタン…直径1cmを3個

［出来上り寸法］※左からS/M/L/2Lサイズ
バスト…128.5/131.5/134.5/137.5cm
着丈…81.5/83/84.5/86cm
袖丈…42.5/43.5/44.5/45.5cm

［縫い方］準備:表衿、表カフスに接着芯をはる。

［裁合せ図］

〈表布〉

143cm幅

袖口パイピング布(2枚)
後ろヨーク(2枚)
後ろ端
0 20 3.2
袖(2枚)
0
布を切ってたたみ直す
(表)
わ

130 130 140 140 cm

後ろ(1枚)
前(1枚)
(表)
わ
1.6 1.6

143cm幅

〈別布〉

80 80 80 80 cm

裏衿(1枚)
表衿(1枚)
わ わ
(表)
布を切ってたたみ直す
カフス(2枚)
バイアス布(1枚) 50
(表)
3

110cm幅

74

※指定以外の縫い代は1cm
※ ▨ は裏に接着芯をはる
※数字は上から S / M / L / 2Lサイズ
※袖口パイピング布、バイアス布は
　裁合せ図の寸法で直接布をカットする

10.衿ぐりにギャザーを寄せる(→P.43)
9.身頃に袖をつける(→P.43)
11.衿を作る(→P.40,41)
12.衿をつける
8.カフスを作り、つける
5.袖口のあきをパイピングする
7.袖口にギャザーを寄せる
6.袖下を縫う
前
13.ボタンホールを作り、ボタンをつける(ボタンホールの作り方→P.35)
1.後ろヨークの端を縫う
2.後ろ身頃にギャザーを寄せ、後ろヨークをつける
3.裾を三つ折りにして縫う(→P.38)
4.脇を縫う(→P.38)
後ろ

1. 後ろヨークの端を縫う

2.5 切込み
1 2.5
2.5
②ミシン
後ろ端
①折る
後ろヨーク(表)
後ろヨーク(裏)
1 縫い残す
0.1
④表に返す
⑤ミシン

2. 後ろ身頃にギャザーを寄せ、後ろヨークをつける

0.3
0.5
(表)
②糸を引き、後ろヨークのつけ寸法までギャザーを寄せる
①粗い針目で2本ミシン
ギャザー止り
ギャザー止り
後ろ(表)

③後ろヨークと後ろ身頃を中表に合わせてミシン
④2枚一緒にジグザグミシン
右後ろヨークが上になるように重ねる
左後ろヨーク(裏)
右後ろヨーク(裏)
後ろ(表)

⑤縫い代をヨーク側に倒す
左後ろヨーク(裏)
後ろ(裏)

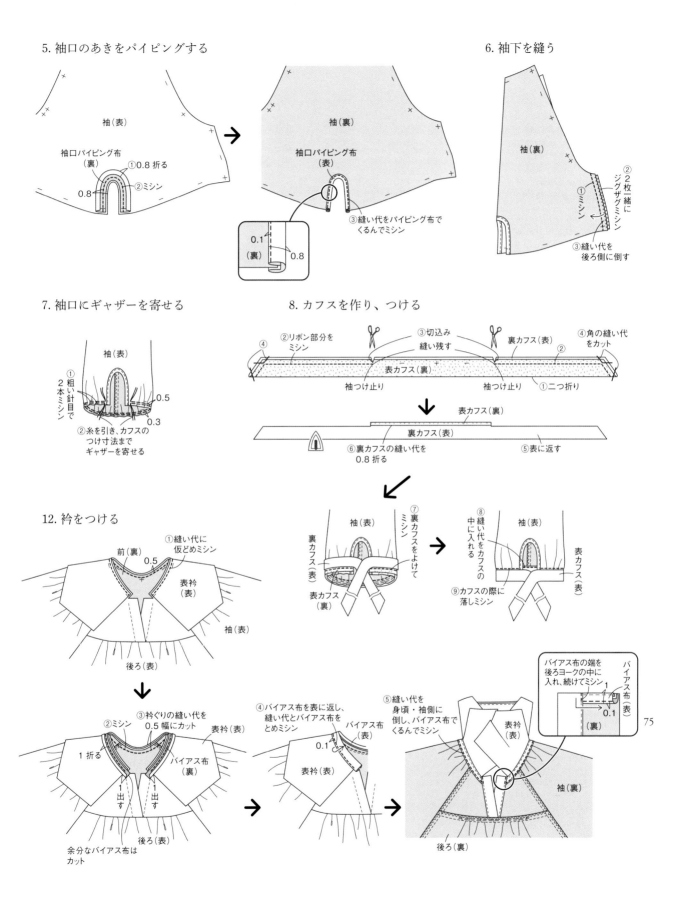

5. 袖口のあきをパイピングする

袖（表）

袖口パイピング布
（裏）
①0.8 折る
②ミシン
0.8

袖（裏）

袖口パイピング布
（表）

③縫い代をパイピング布で
くるんでミシン

0.1
（裏）
0.8

6. 袖下を縫う

袖（裏）

①ミシン

②2枚一緒に
ジグザグミシン

③縫い代を
後ろ側に倒す

7. 袖口にギャザーを寄せる

袖（表）

①粗い針目で
2本ミシン

②糸を引き、カフスの
つけ寸法まで
ギャザーを寄せる

0.5
0.3

8. カフスを作り、つける

④
②リボン部分を
ミシン
③切込み
縫い残す
裏カフス（表）
②
④角の縫い代
をカット
表カフス（裏）
袖つけ止り
袖つけ止り
①二つ折り

表カフス（裏）
裏カフス（表）
⑥裏カフスの縫い代を
0.8 折る
⑤表に返す

⑦
裏カフスを
よけて
②ミシン
裏カフス
（表）
袖（表）
表カフス
（裏）

⑧
縫い代をカフスの
中に入れる
袖（表）
表カフス（表）
⑨カフスの際に
落しミシン

12. 衿をつける

前（裏）
①縫い代に
仮どめミシン
0.5
表衿
（表）
袖（表）
後ろ（表）

②ミシン
③衿ぐりの縫い代を
0.5 幅にカット
表衿（表）
1 折る
バイアス布
（裏）
1 出す
1 出す
後ろ（表）
余分なバイアス布は
カット

④バイアス布を表に返し、
縫い代とバイアス布を
とめミシン
バイアス布
（表）
0.1
表衿（表）

⑤縫い代を
身頃・袖側に
倒し、バイアス布で
くるんでミシン
表衿
（表）
袖（裏）
後ろ（裏）

バイアス布の端を
後ろヨークの中に
入れ、続けてミシン
1
バイアス
布（表）
0.1
（裏）

75

T 裾ギャザーパンツ

Photo / P.28　実物大パターンA面

くったりとした手触りの25番手のベルギーリネンで作ったパンツ。裾にはリボンを通してギュッと締めて愛らしいシルエットに。薄手のコットンでアンダーパンツとして作ってもかわいいと思います。

［材料］※左からS/M/L/2Lサイズ
表布(Pres-de　25番手ベルギー産リネン生地　国内染め
ヴィンテージワッシャー加工無地　オフホワイト)
…112cm幅 2m30cm /2m30cm /2m40cm /2m40cm
接着芯…10×70cm
接着テープ…1.5cm幅を40cm
リボン…1cm幅80cmを2本
ゴムテープ…2.5cm幅を適量

［出来上り寸法］※左からS/M/L/2Lサイズ
ヒップ…123/126/129/132cm
パンツ丈…87.5/89/90.5/92cm

［縫い方］　準備：表前ベルト、表後ろベルトに接着芯をはる。

11.ベルトにゴムテープとひもを通す（→P.73）

1.前股上を縫う
2.ポケットを作る
10.ひもを作る（→P.73）
12.リボン通し口にリボンを通す

前

8.前ベルトと後ろベルトを縫う（→P.73）
9.パンツにベルトをつける（→P.73）

4.後ろポケットを作り、つける
3.後ろ股上を縫う（→P.72）
6.股下を縫う（→P.72）
5.脇を縫う

後ろ

リボン80cmを1周通す

7.裾を三つ折りにして縫う

［裁合せ図］

わ
（表）
後ろポケット（2枚）4
袋布（1枚）
前ベルト（1枚）後ろベルト（1枚）
0.5
前パンツ（2枚）
ひも（1枚）
4
10
230
230
240
240
cm
袋布（1枚）
0.5
後ろパンツ（2枚）
10
148
152
156
160
112cm幅

※指定以外の縫い代は1cm
※▨は裏に接着芯をはる
※数字は上からS／M／L／2Lサイズ
※ひもは裁合せ図の寸法で直接布をカットする

1. 前股上を縫う

②2枚一緒にジグザグミシン
前パンツ（表）
③縫い代を右パンツ側に倒す
①ミシン
前パンツ（裏）

2. ポケットを作る

①接着テープをはる
1 ポケット口 1
前パンツ（裏）

②ミシン
③切込み
ポケット口
袋布（裏）
④2枚一緒にジグザグミシン
前パンツ（表）

⑤袋布を脇側に倒し、ポケット口の縫い代にとめミシン
0.1
ポケット口
袋布（表）
前パンツ（表）

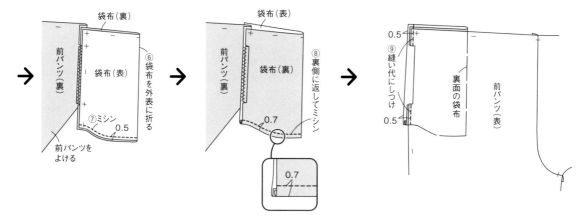

4. 後ろポケットを作り、つける

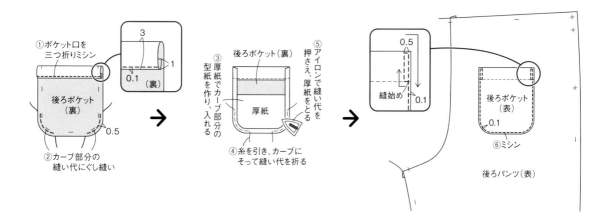

5. 脇を縫う

7. 裾を三つ折りにして縫う

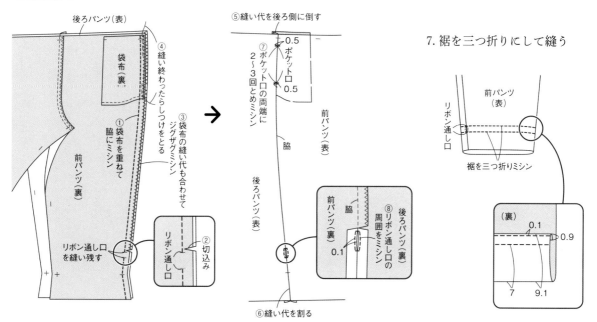

U アシンメトリープルオーバー

Photo / P.30　実物大パターンB面

40番手のリネンで作った、ボタンがアシンメトリーなブラウス。幅広の短冊に黒のくるみボタンを並べて、アンティーク感のある仕上りに。短冊と袖だけ生地を替えたアレンジなど、お好みで楽しんでみてください。

［材料］※左からS/M/L/2Lサイズ
表布(生地の森　ワイド幅ベルギーリネン40番手　キナリ)
…140cm幅 1m60cm /1m60cm /1m60cm /1m70cm
接着芯…90cm幅 60cm
くるみボタン…直径1.3cmを6個
裏ボタン…直径0.9cmを1個

［縫い方］準備：表衿、表右短冊、表左短冊、表後ろヨークに接着芯をはる。

［出来上り寸法］※左からS/M/L/2Lサイズ
バスト…112/115/118/121cm
着丈…65.5/66.5/67.5/68.5cm
袖丈…5.9/6/6.1/6.2cm

［裁合せ図］

5.前衿ぐりにギャザーを寄せる
9.衿を作る(→P.38)
10.衿をつける(→P.39)
3.短冊を作る
4.短冊をつける
11.袖を作る
12.身頃に袖をつける(→P.39)
13.ボタンホールを作り、ボタンをつける(ボタンホールの作り方→P.35)
前

6.身頃の肩を縫う(→P.37)
2.後ろ身頃に後ろヨークをつける
1.後ろ身頃のタックをたたむ
7.脇を縫う(→P.42)
8.スリットあきを作り、裾を縫う(→P.42)
後ろ

※指定以外の縫い代は1cm
※▨は裏に接着芯をはる
※数字は上からS／M／L／2Lサイズ

1. 後ろ身頃のタックをたたむ

①タックをたたみ、仮どめミシン
②切込み 0.5
後ろ(表)

2. 後ろ身頃に後ろヨークをつける

①表後ろヨークと後ろ身頃を中表に合わせる。後ろ身頃の裏と裏後ろヨークの表を合わせ、3枚一緒にミシン
裏後ろヨーク(表)
表後ろヨーク(裏)
印まで
後ろ(表)

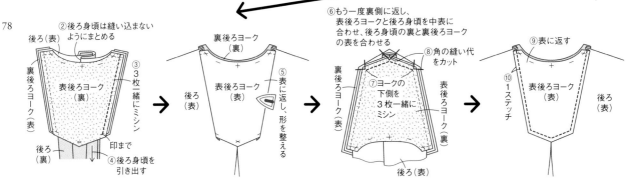

②後ろ身頃は縫い込まないようにまとめる
③3枚一緒にミシン
④後ろ身頃を引き出す
印まで

⑤表に返し、形を整える

⑥もう一度裏側に返し、表後ろヨークと後ろ身頃を中表に合わせ、後ろ身頃の裏と裏後ろヨークの表を合わせる
⑦ヨークの下側を3枚一緒にミシン
⑧角の縫い代をカット

⑨表に返す
⑩1ステッチ

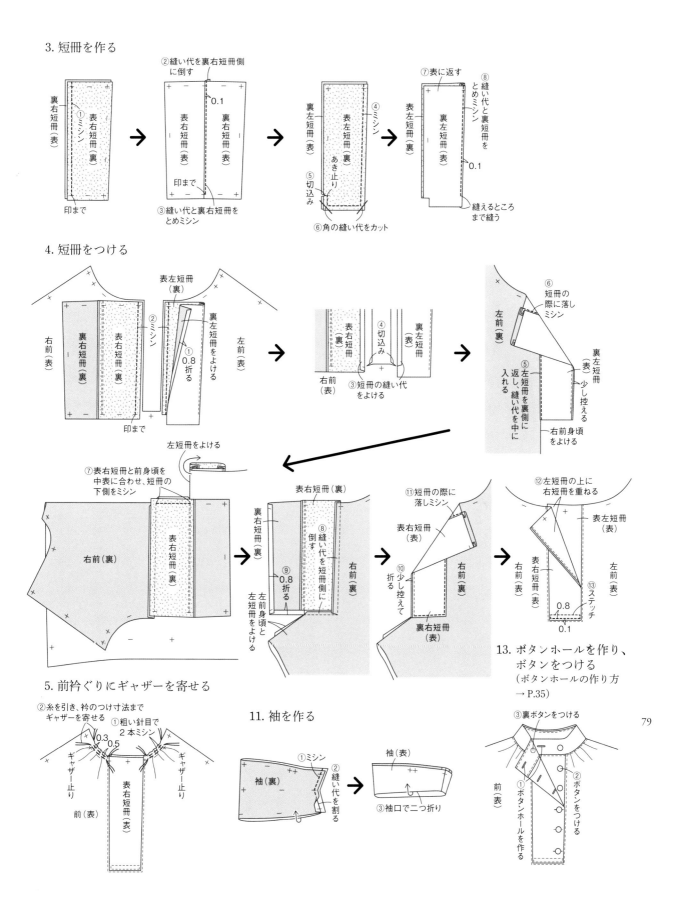

3. 短冊を作る

4. 短冊をつける

5. 前衿ぐりにギャザーを寄せる

11. 袖を作る

13. ボタンホールを作り、ボタンをつける
（ボタンホールの作り方
→P.35）

荘村恵理子　Eriko Soumura

MAGALIデザイナー。テキスタイルメーカー、ヨーロッパのアンティーク服のバイヤーを経て独立。クラシカルでいて、甘いスパイスをほんのり添えたディテールの、ずっと昔から着ていたような、着心地と愛着を感じるお洋服をブランドコンセプトに、パターン・デザインを追求し製作している。京都在住。著書に2020年に刊行した『MAGALIのノスタルジックなワードローブ』（文化出版局）がある。

https://magali-net.com

@atelier_magali

Staff

デザイン
荘村恵理子

撮影・コラージュ
松元絵里子

アートディレクション・ブックデザイン
伊庭　勝（tramworks）

スタイリング
村上きわこ（PLYS）

ヘア＆メイク
増田よう子（ただし事務所）

モデル
Catherine L

縫製協力
東　佐和美

作り方解説
小堺久美子

トレース
たまスタヂオ

パターングレーディング
上野和博

パターン配置
山科文子

校閲
向井雅子

編集
鈴木理恵
鈴木百合子（文化出版局）

MAGALIの
大切に着たいワードローブ

2023年3月19日　第1刷発行

著　者　　荘村恵理子
発行者　　清木孝悦
発行所　　学校法人文化学園 文化出版局
　　　　　〒151-8524 東京都渋谷区代々木3-22-1
　　　　　tel. 03-3299-2479（編集）
　　　　　tel. 03-3299-2540（営業）
印刷・製本所　　株式会社文化カラー印刷

布地提供
※掲載の布地は、時期によっては、完売もしくは売切れになる場合があります。
　ご了承いただきますよう、お願い致します。

A、E、K、T
「Pres-de」
tel.078-991-9850　https://www.pres-de.com/

B、C、N
「DARUMA FABRIC」
tel.06-6251-2199　http://daruma-fabric.com/

D、R
「リバティジャパン」
tel.03-6412-8320　https://www.liberty-japan.co.jp/

F
「布もよう」
tel.06-6585-9790　https://nunomoyo.b-smile.jp/

G、M、O、P、Q、U
「生地の森」
tel.053-464-8282　https://www.kijinomori.com/

H、J
「布地のお店 ソールパーノ」
tel.06-6233-1329　https://www.sunsquare.shop/c/solpano

I
「CHECK&STRIPE」
https://checkandstripe.com/

L、S
「marunaka textile」
tel.042-972-1234　http://www.marunaka-tex.com/